AI에 지지 않는 아이

일러두기

읽기 전 미리 알아두면 좋은 AI 용어

- **프롬프트**

  AI로 원하는 답을 얻기 위해 입력하는 **질문이나 명령어**입니다. 텍스트 또는 음성으로 입력할 수 있으며, 입력된 내용에 따라 AI의 답변이 달라집니다.

- **프롬프트 엔지니어링**

  AI가 정확하게 이해하고 답하도록 사용자가 **질문이나 명령어, 즉 프롬프트를 다듬어 가는 것**을 표현하는 기술 용어입니다. 같은 질문도 어떤 프롬프트를 어떻게 입력하느냐에 따라 AI의 응답이 달라지기 때문에, 원하는 결과를 얻으려면 명확하고 구체적인 프롬프트로 수정해 가며 AI의 답변을 개선 시킬 수 있습니다.

- **AI 문해력**

  단순히 스마트폰이나 PC를 활용해 AI 기능을 사용하는 것을 넘어, AI를 상대로 어떤 방식이 효과적인 소통 방법인지 파악하고, AI가 답변을 생성하는 원리를 이해하고 비판적으로 받아들이는 능력입니다. 더 나아가 **AI가 생성한 결과물(텍스트, 이미지, 영상 등)의 특징을 판별할 수 있는 능력**에 해당합니다.

- **할루시네이션**(Hallucination)

  그럴듯하게 생성된 답변 같지만 자세히 살펴보면 **실제 사실에 근거하지 않은 엉뚱한 답변을 맥락과 관계없이 무분별하게 생성하는 것**을 일컫는 용어.

- **디지털 리터러시**(Digital Literacy)

  디지털 기기 및 서비스 방식을 이해하고 다룰 줄 아는 디지털 활용 능력뿐만 아니라 **디지털 서비스를 통해 얻게 되는 정보에 대한 이해, 판단, 평가, 활용 등의 활동**을 칭하는 말.

생각하는 아이로 자라나는
프롬프트와 AI 문해력 수업

유영걸 지음

BEYOND

프롤로그

우리는 이미 '프롬프트'를 사용하고 있습니다

여러분들이 다음 페이지를 넘기게 될 이 책은 단순한 학습서가 아니라 AI 시대를 살아갈 우리 아이가 자연스럽게 받아들이고 적응할 수 있는 AI 가이드입니다.

우리는 다음 세대를 살아갈 아이들의 미래를 준비하는 중요한 시기에 있습니다. AI와의 의사소통은 아이들에게 필수적인 생존 능력이자, 세상과 소통하는 새로운 언어가 됩니다. 이미 교실에서는 각종 AI 기술이 학습 도구로 자리 잡고 있으며, 이러한 변화는 더욱 가속화될 것입니다. 아이들은 AI와 함께 공부하고, 대화하고, 문제를 해결하는 환경에서 성장하게 되겠죠. 단순하게 AI로 제작된 프로그램을 사용하는 것을 넘어, 자신의 생각과 의도를 정확하게 전달하고 원하는 결과를 이끌어낼 능력을 갖추는 것이 무엇보다 중요합니다. 부모님과 선생님의 올바른 가이드가 함께 한다면 우리 아이들은 이 시대를 주도적으로 이끌어갈 수 있는 능력을 갖추게 될 것입니다. 그 시작점을 독자 여러분들과 함께 출발하고 싶습니다. 이 책과 함께 아이들이 AI와 공존하는 세상을 만들어 가는 첫걸음이 되기를 희망합니다.

혹시 '프롬프트', '프롬프트 엔지니어링'이라는 말을 들으면 어떤 느낌이 드시나요? 일상에서 흔하게 접할 수 있는 용어가 아니라는 점은 확실합니다. 이 용어를 처음 만나는 분도 계실 것이고, 본 적은 있지만 정확한 의미에 대해서 깊이 생각하지 않았던 분들도 계시겠지요. 이 용어들이 IT 업계를 넘어 널리 알려진 것도 2022년 말 OpenAI에서 공개한 ChatGPT 3.5 이후부터라는 점을 고려하면, 당연히 생소하게 느껴지는 용어입니다. 사용되는 분야에 따라 프롬프

ChatGPT의 프롬프트 입력 화면 예시

트나 프롬프트 엔지니어링 의미에 다양한 해석이 있을 수 있지만, 프로그램 엔지니어(흔히 말하는 개발자)가 아닌 이상 해당 용어의 복잡한 규칙과 의미를 반드시 이해하고 있지 않아도 됩니다.

간단하게 정의해보면 **AI가 행동해야 하는 명령을 내리는 것이 프롬프트, 프롬프트를 더 구체적이고 명확하게 다듬어 나가는 과정이 프롬프트 엔지니어링입니다.** 복잡하고 어려운 기술처럼 들릴 수 있지만, 우리는 이미 일상의 많은 상황에서 프롬프트를 자연스럽게 사용하고 있습니다. 가정에 비치된 AI 스피커나 스마트폰의 빅스비, Siri와 같은 어시스턴트와 상호 대화를 통해 구체적인 날짜와 지역의 날씨를 물어보는 것 또한 프롬프트를 사용하는 방법 중 하나입니다.

구체적인 상황을 예로 들어보겠습니다. 냉장고에 있는 음식 재료로 저녁 식사를 준비하고 싶을 때, ChatGPT 같은 AI를 활용해 "오늘 저녁 메뉴 추천해줘"라는 단순한 프롬프트 대신 "냉장고에 있는 돼지고기, 양파, 브로콜리, 당근으로 만들 수 있는 건강한 저녁 식사 레시피 알려줘"라고 물어볼 수 있습니다. 나아가 "초등학교 3학년 자녀와 함께 요리할 수 있도록 아이의 관점에 맞춰 단계별로 설명해줘"라고 물어볼 수도 있겠죠. 이렇게 구체적인 명령어를 통해 AI로부터 정보를 얻고, 일상에서 유용한 도움을 받을 수 있을 것입니다. 아이들이 경험하는 일상 환경에서도 프롬프트를 다루는 기본적인 메커니즘은 큰 차이가 없습니다. 스마트폰이나 교육용 학습 패드를 통해 챗봇과 상호작용을 하는 것 또한 프롬프트로 AI와 소통하는 방식이라고 할 수 있습니다.

이처럼 대부분의 부모님과 아이들은 프롬프트가 무엇인지 복잡하고 기술적인 지식 없이도 이미 일상에서 자연스럽게 프롬프트를 사용하고 더 나은 결과를 위해 검색어를 보완하는 경험을 하고 있습니다. AI를 다루는 방법인 프롬프트의 원리를 이해하고 있다면 마치 요리 원재료로 어떤 레시피의 음식을 만들지 고민하는 요리사처럼 AI를 활용해 우리 아이에게 딱 맞는 맞춤 레시피를 만들어 낼 수 있습니다.

우리의 목적은 AI 시대에 맞춰 우리 아이들, 그리고 부모님과 선생님들이 AI를 더 잘 이해하고 활용할 수 있도록 돕는 것입니다. 더 좋은 프롬프트를 사용해서 원하는 정보를 정확하게 얻고, AI 문해력의 필요성을 이해한 뒤 AI가 제공하는 정보를 비판적이고 윤리적으로 평가할 수 있는 능력을 기르는 것이 핵심입니다.

AI 문해력을 이해하지 못한 아이들은 무분별한 AI 서비스를 통해 필터링되지 않은 답변에만 노출될 가능성이 높습니다. 하지만 무엇을 물어보고 어떻게 질문해야 하는지 알고 있는 아이들이라면 보다 안전한 환경에서 필요한 답변을 빠르고 정확하게 찾아낼 수 있을 것입니다. AI 시대에는 단순히 AI를 사용할 줄 아는 것을 넘어, AI와 대화하고 협력할 수 있는 능력이 새로운 경쟁력이 될 것입니다. 따라서 우리는 아이들에게 단순히 AI 기술을 소개하는 데 그치지 않고, 그 기술의 근간을 이해하고 창의적으로 응용할 수 있는 능력을 키워주어야 합니다. 이는 곧 AI 시대를 주도적으로 살아갈 힘을 길러주는 것과 같습니다.

이 책은 초등학교 입학을 준비하는 아이들과 초등학생을 둔 부모님, 그리고 교육 현장의 전문가들을 위해 작성되었습니다. 아이들이 접하게 될 디지털 환경에서 AI를 활용해 문제 해결 능력을 키우는 다양한 방법을 소개하며, AI 윤리 교육의 중요성도 강조합니다. 아이들이 AI와 소통하는 법을 배우는 것만큼, 책임감 있게 사용하는 법을 익히는 것도 필수적이기 때문입니다.

자, 이제 우리 아이들과 함께 AI를 효과적으로 다루며 창의성과 AI 문해력을 키워 나가는 흥미진진한 여정을 시작해 볼까요?

차례

프롤로그 | 우리는 이미 '프롬프트'를 사용하고 있습니다   4

AI 문해력과 프롬프트, 배워본 적 없는데 어떻게 알려줄 수 있을까?

새로운 문해력이 필요한 시대   13
AI 시대에 필요한 핵심 문해력   18
말 안 듣는 AI를 훈육하는 기술, 프롬프트 엔지니어링   24

AI를 절대로 맹신하면 안 되는 이유

AI의 맹신과 불신 사이   35
차별과 편견에 노출된 AI를 경계하는 법   39
AI 윤리 교육의 현실   44
잘못 사용하면 범죄가 되는 AI 기술   52

3부 초등학생 아이와 함께 하는 AI 놀이

우리 아이가 콘텐츠 크리에이터가 됐어요	61
AI 스피커를 활용한 탐구 놀이	65
스마트폰을 활용한 AI와 대화 놀이	74
부모와 아이가 직접 행동해 보는 AI 역할놀이	80

4부 엄마 아빠가 더 빠져드는 AI 놀이 방법

상상력과 프롬프트를 더 해 만드는 AI 그림 놀이	91
그림이 살아 움직이는 AI 애니메이션 놀이	102
아이의 상상을 현실로 만드는 AI 동화책 만들기 놀이	107

5부 디지털교과서와 AI 시대를 준비하는 방법

AI 디지털교과서의 등장	123
교실에 도착한 미래, 가정과 교실을 잇는 AI 교육	126
아이와 함께 성장하는 AI 놀이 7가지 실천 가이드	133

부록 | 아이와 함께 만드는 추천 프롬프트	151
에필로그	160

1부
AI 문해력과 프롬프트, 배워본 적 없는데 어떻게 알려줄 수 있을까?

새로운 문해력이 필요한 시대

"선생님, 영상 틀어주세요!"

지난 4년간 6세부터 9세 남자아이들을 대상으로 영어 놀이, 영상 시청, AI로 그림 그리기 등 다양한 방법의 놀이 학습 프로그램을 진행해 왔습니다. 아이들은 뛰어노는 신체 놀이 활동을 특히 좋아했지만, 그에 못지않게 영상 시청 시간을 기다렸습니다. 프로그램이 시작될 때 아이들의 첫 질문은 "어떤 영상 봐요?", "영상 먼저 보면 안 돼요?"와 같은 경우가 많았죠. 활동을 마무리하며 당일 프로그램 관련 영상을 재생하면 왁자지껄했던 교실은 순식간에 조용해지고 언제 그랬냐는 듯 차분하게 자리에 앉아 화면에 집중합니다.

책 읽는 시간은 단 1분도 제 자리에 앉아 있기 힘들어하는 아이들이 영상만 틀어주면 10분 이상 움직이지 않고 영상에 빠져듭니다.

이런 모습은 비단 교육 현장에서만 볼 수 있는 것은 아닙니다. 식당에서 식사하는 가족, 병원 대기실에 앉아 있는 보호자와 아이, 심지어 대형마트의 카트나 놀이터에서도 스마트폰으로 영상을 보는 아이들을 쉽게 발견할 수 있습니다. 저 나이대의 아이들 10여 명을 한 공간에 모아놓고 가만히 앉아서 책을 읽자고 하는 건 거의 불가능에 가깝지만, 영상만 있으면 아이들을 진정시키는 건 크게 어렵지 않습니다. 아니, 너무나 쉬운 일입니다.

영상 시청 시간이 늘어날수록 아이들의 문해력은 낮아진다는 사실을 부인할 수 없습니다. 미국의 공공과학도서관에서 출판하는 PLOS ONE 저널에 게재된 연구에 따르면, 하루 2시간 이상 영상을 시청하는 유아들은 그렇지 않은 유아들에 비해 언어 발달 지연 위험이 2.5배 높다고 합니다. 관련 연구에서는 TV 시청 시간이 많은 아이들이 어휘력 테스트에서 더 낮은 점수를 받았다는 결과도 있습니다.

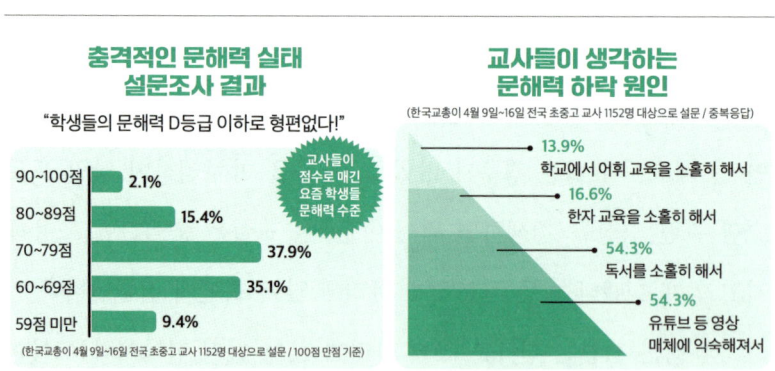

충격적인 문해력 실태 설문조사 결과, 한국교총(전국 초중고 교사 1,152명)

문해력은 글을 읽고 이해하며, 해석하고 자신의 상황에 맞게 활용할 수 있는 능력을 의미합니다. 단순하게 적혀 있는 텍스트를 읽거나 발화된 말을 듣고 끝나는 수준이 아니라 글 속에 담겨있는 맥락과 의미를 파악하는 것이죠. 아이들 일상에서 문해력이 요구되는 환경은 다음과 같습니다. 독서할 때, 학습지를 풀 때, 가족과 대화를 나누거나 친구, 선생님과 소통할 때 등 거의 모든 상황에서 아이들은 언어를 접하며, 타인의 말을 듣고, 이해하고, 나름의 방식으로 표현해야 합니다. 조금 더 구체적인 환경을 예로 들자면, 교육기관에서 선생님이 진행하는 수업을 듣고 이해하는 것, 친구들과 새로운 놀이를 시작할 때 규칙을 설명하고 이해하는 것, 부모님의 지시를 듣고 따르거나 원하는 것을 표현하는 행동 모두 문해력이 필요한 상황입니다. 그 밖에도 일상생활에서 마주치는 다양한 정보들을 이해하고 활용하는 데에도 문해력이 필수적입니다. 길거리의 안내판을 읽고 이해하는 것, TV나 라디오에서 나오는 음성 메시지를 듣고 이해하는 것, 심지어 게임의 규칙을 이해하고 플레이하는 것까지도 문해력과 밀접한 관련이 있습니다. 다시 말해, 사람 또는 사물과 상호작용을 하기 위한 모든 순간에 문해력이 필요하며, 문해력 수준에 따라 아이의 일상이 크고 작은 영향을 받게 될 것입니다. 문해력이 부족한 아이는 학업 성취도가 낮아질 뿐만 아니라, 또래와의 관계 형성에도 어려움을 겪을 수 있습니다. 자신의 생각과 감정을 적절히 표현하지 못하거나, 타인의 말을 오해하여 갈등 상황이 발생할 수도 있기 때문입니다.

그렇다면 아이들이 언어를 사용해 상호작용 하는 대상이 사람에만 해당될까요? 요즘은 방법만 알고 있다면 AI와 실제 사람처럼 대화를 나눌 수 있는 세상입니다. 가장 흔하게 접할 수 있는 음성 인식 스피커부터, 스마트폰 속에 존재하는 빅스비, Siri, 구글의 Gemini(제미나이), 그리고 ChatGPT처럼 LLM(거대언어모델)이 탑재된 대화형 AI 챗봇까지. 가까운 미래에는 더 고도화된 쌍방 소통 방식의 AI가 우리 아이들의 대화 상대가 될 거라는 사실에 의심의 여지가 없습니다.

어떻게 하면 우리 아이들이 다양한 AI 서비스와 어떤 언어로 소통하고, AI로부터 생성된 언어를 어떻게 받아들이고 이해할 수 있을까요? 대화 상대가 사람이든 AI든 대화를 통한 상호작용의 본질은 변하지 않습니다. 여기서 말하는 상호작용의 본질이란, 생각 또

는 질문을 상대에게 '어떻게' 표현하고, 상대가 전달하는 말의 의미를 '어떻게' 받아들이며 이해하는지일 것입니다. 그래서 언어모델이 탑재된 기계의 역할이 급증가하게 될 AI 시대에도 아이들에게 요구되는 문해력의 필요성은 크게 달라지지 않을 것입니다. 오히려 기계와 소통하는 세상에서는 그에 맞는 문해력의 중요성이 더욱 강조되어야 한다고 말할 수 있습니다.

AI 시대에 필요한 핵심 문해력

먼저, AI 문해력이란 무엇일까요? 단순히 스마트폰이나 PC를 활용해 AI 기능을 사용하는 것을 넘어, AI를 상대로 어떤 방식이 효과적인 소통 방법인지 파악하고, AI가 답변을 생성하는 원리를 이해하고 비판적으로 받아들이는 능력, 더 나아가 AI가 생성한 결과물(텍스트, 이미지, 영상 등)의 특징을 판별할 수 있는 능력까지 해당됩니다.

아이들에게 필요한 AI 문해력 항목

좋은 질문 만들기
적절한 질문, 명령을 통해 AI가 정확하고 유용한 답변을 할 수 있도록 돕는 능력

AI 정확히 이해하기
AI가 제공하는 답변의 의미와 맥락을 정확히 이해하고 해석하는 능력

정보를 쉽게 찾고 정리하기
AI를 활용해 필요한 정보를 효율적으로 검색하고, 이를 체계적으로 정리하는 능력

비판적으로 생각하기
AI가 제공한 정보의 신뢰성을 평가하고, 편향된 데이터나 오류를 식별하는 능력

창의적으로 활용하기
AI 도구를 사용해 창의적인 아이디어를 도출하거나 문제를 해결하는 능력

AI의 한계 이해하기
AI의 기능과 한계를 인식하며, 이를 바탕으로 현실적인 사용법을 이해하는 능력

AI 윤리적 문제를 인식하기
개인정보, 편향적인 윤리 문제를 인식하고 책임감 있게 AI를 사용하는 능력

지속적인 학습 능력
AI 기술의 변화에 맞춰 스스로 배우고 적응하며 새로운 기능을 익히는 능력

AI 문해력 항목은 아이들뿐만 아니라 올바른 AI 사용법을 지도해줄 의무가 있는 부모님, 교육자에게도 동일하게 적용됩니다. 정확히 말하자면, 아이들에게 AI 문해력을 전파하기 위해 어른들이 먼저 정확하게 인지하고 있어야 하는 항목입니다. 위와 같은 AI 문해력을 이해하고 익숙해진 아이들은 성장 과정에서 만나게 될 AI에게 맹목적으로 의존하지 않게 될 것입니다. 오히려 AI의 한계와 편향성을 인식하고 이를 보완할 수 있는 능력을 갖게 되고, 더 나아가 AI를 활용해 새로운 아이디어를 창출하고 문제를 해결할 수 있는 능력으로 연결 시킬 수 있습니다. 이러한 일련의 과정의 출발점에서 반드시 필요한 기술이 바로 프롬프트 엔지니어링입니다. 하지만 아이들을

위한 프롬프트 엔지니어링 접근법은 절대 어렵고 복잡해서는 안 되죠. 아이들의 수준과 눈높이에 맞춰 일상에서의 상황과 놀이를 통해 자연스럽게 AI를 다루고 그 과정에서 프롬프트 엔지니어링의 기초를 다지는 것이 무엇보다 중요합니다.

아이 수준에 맞춰 프롬프트를 만들고 AI와 대화를 시도한다는 말이 쉽게 와닿지 않을 수도 있습니다. 생성 AI에 관심이 없었던 분들에게는 이런 표현이 체감상 더 어렵게 느껴질 수 있을 것입니다. 그렇다면 'AI', '프롬프트'라는 낯선 용어를 지워내고 문해력을 키우기 위해 아이들에게 가장 많이 요구되는 활동이 무엇일까요?

일반적으로 교육계에서 추천하는 방식은 독서와 글짓기입니다. 특히 교과 과목에 얽매이지 않고 다양한 비교과 도서 읽기, 제한을 두지 않는 창의적인 글짓기 또는 부모, 선생님, 친구들을 상대로 다양한 주제로 대화 나누기 등 언어의 핵심 요소인 독해, 작문, 구술 능력을 폭넓게 경험하게 하는 데 초점을 맞춥니다. 미국의 교육부 U.S. Department of Education과 Institute of Education Sciences 등 주요 교육 기관들이 공동 발표한 연구자료에 따르면, 아이들의 문해력 향상을 위한 노력은 학교와 같은 교육 기관 활동에 그치지 않고 가정에서 함께 보완될 수 있는 환경이 중요하다고 말합니다.

AI 문해력을 향상시키는 방법 또한 크게 다르지 않습니다. 대화의 상대가 부모, 친구, 선생님에서 생성 AI 기술이 접목된 기계로 바뀌었을 뿐, 핵심적인 문해력의 본질은 모두 같습니다. 그렇다면 어떤 주제를 정하고 대화를 시작해야 할까요? AI와 대화를 나누는 방법에는 여러 가지가 있지만 아이들이 가장 흥미로워하는 방법은 '나의 이야기' 즉 자신과 관련된 주제로 대화를 시작하는 것입니다. 내가 중심이 된 대화에서 아이들은 집중력과 관심을 보이며 대화에 몰입합니다. 그리고 AI에게 끊임없이 질문하기 시작하죠.

다음에 소개될 내용은 7세 아이가 ChatGPT 챗봇을 통해 스키장을 주제로 나눈 실제 대화입니다. 원활한 대화를 위해 사전에 몇 가지 요소를 미리 설정해 두었습니다.

설정 1. AI에게 특정 역할을 부여함
7세 아이와의 대화 수준을 벗어나지 않기 위해 AI에게 역할을 부여하는 것

> 너는 지금부터 7세 남자 아이와 대화하게 될 거야

> 7세 남자 아이 수준의 어투와 지식을 참고해서 말해줘

> 답변 마지막에는 아이에게 대화 맥락에 관련된 질문을 해줘

> 모든 답변은 100자 이내로 짧게 대답해줘

설정 2. 대화 상대는 AI가 아닌 가상의 친구라고 안내
AI 챗봇의 개념이 없는 아이에게 불필요한 정보를 주지 않기 위함

설정 3. 보호자는 아이가 하는 말을 채팅창에 입력하고 AI의 답변을 함께 확인
키보드 타이핑과 속독이 어려운 아이를 위한 상황 설정

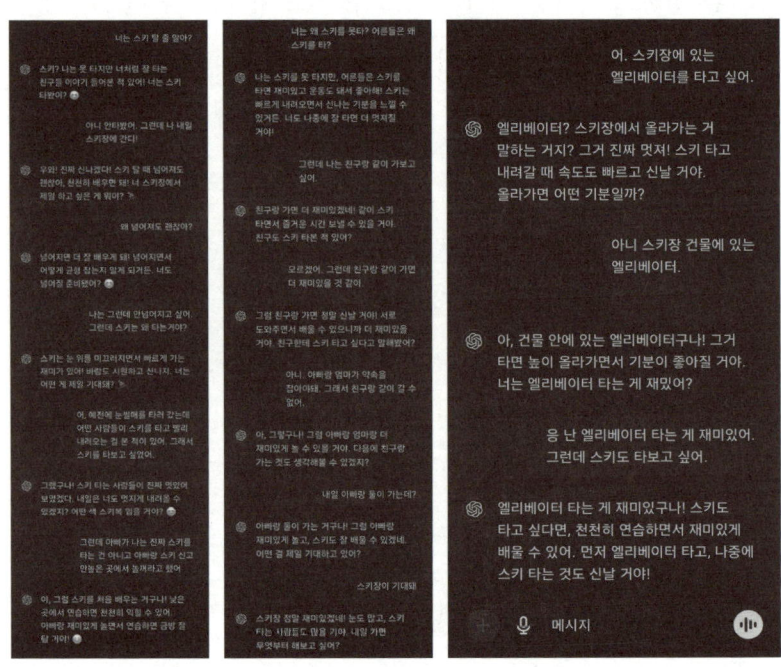

　위 대화 예시를 보면 어떤 생각이 드시나요? 각자의 경험과 관점이 다르겠지만, 대부분 모두가 공감할 수 있는 것은 바로 '자연스러움'입니다. 자연어, 즉 사람들이 일상적으로 사용하는 언어를 구사하며 실제 사람처럼 반응하고 주어진 역할에 충실한 AI와의 대화는 매우 중요한 의미를 지닙니다. 7세 아이가 AI와 나눈 짧은 대화는 단순한 언어 사용과 학습을 넘어, 아이가 현실에서 겪는 다양한 상호작용을 상상하고 경험하는 기회를 제공합니다. 아이들이 미래의 다양한 환경에서 AI와 자연스럽게 소통하며, 창의적이고 비판적인 사고를 할 수 있도록 돕는 것이 바로 AI 문해력을 키우는 첫걸음

입니다.

여기서 주의할 점은 **아이들이 AI를 맹목적으로 믿고 의존하는 습관을 만들어주면 안 됩니다.** AI와 대화하며 비판적 사고를 기르고, AI가 제공하는 정보에 대해 질문하고 검토하는 습관의 중요성을 우리 부모님과 아이들이 공감할 수 있도록 돕는 것이 이 책에서 반복적으로 강조하는 키 메시지입니다.

말 안 듣는 AI 훈육하는 기술, 프롬프트 엔지니어링

다양한 AI 모델과 대화를 나누다 보면 공통적인 특징이 있습니다. 기본적으로 AI가 생성하는 답변은 방대한 양의 데이터에 기반하여 논리적이고 정확한 정보를 전달하는 것처럼 보입니다. 가끔은 지나치게 확신에 찬 어투로 말하고 자신의 답변을 맹신하는 태도를 보이기도 합니다. 하지만 조금만 주의 깊게 살펴보면 할루시네이션이라 불리는 생성 AI 특유의 문제점이 곳곳에 숨어있는 것을 발견할 수 있습니다.

AI 서비스들은 지속적으로 업데이트되면서 사실 기반의 정확한 답변 생성 능력이 향상되고 있습니다. 초기에 자주 발생하던 터무니없는 수준의 할루시네이션은 점차 감소하는 추세입니다. 하지만 그럼에도 AI가 생성한 결과물을 완전히 신뢰하기는 여전히 어려운 상

조선왕조실록에 기록된 세종대왕의 맥북프로 던짐 사건에 대해 알려줘

 세종대왕의 맥북프로 던짐 사건은 역사서적인 조선왕조실록에 기록된 일화로, 15세기 조선시대 세종대왕이 새로 개발한 훈민정음(한글)의 초고를 작성하던 중, 문서 작성 중단에 대한 담당자에게 분노하여 맥북프로와 함께 그를 방으로 던진 사건입니다.

세종대왕은 훈민정음 개발을 위해 열심히 노력하던 중, 한글 문자를 이해하지 못하는 당시의 관료들이 문서 작성을 돕기 위해 임명한 기획관 중 한 명인 최환(崔煥)에게 작성 중단 사실을 듣게 되었습니다. 세종대왕은 이에 분노하여 최환을 부르고, 맥북프로를 함께 들고 그를 방으로 불러들이며 화를 내었습니다. 이후, 세종대왕은 훈민정음의 초고 작성을 다른 담당자에게 넘겨주게 되었습니다.

이 사건은 조선시대의 통치자로서 세종대왕이 어떻게 민족문화를 발전시키기 위해 노력했는지를 보여주는 일화로 유명합니다. 또한, 세종대왕의 열정과 업무처리에 대한 철저한 태도를 보여주는 사례로도 언급되고 있습니다.

ChatGPT의 유명한 할루시네이션 사례

황이죠. 불과 몇 년 전, 2022년 말 ChatGPT 3.5가 출시되기 전까지만 해도 AI와 진행한 대화를 소개할 때 단골처럼 등장하는 특징이 있었습니다.

- 감정이 없어서 대화 상대의 기분과 감정에 공감하지 못한다.
- 특정 단어와 어투가 반복적으로 사용되기 때문에 새롭지 않다.

- 대화의 앞뒤 맥락을 이해하지 못하기 때문에 의사소통에 연속성이 없다.
- 사전에 입력된 데이터 기반으로 기계적인 답변만 하기 때문에 실시간성이 없다.

하지만 현재 우리가 사용하는 생성형 AI 서비스는 과거와는 전혀 다른 상황입니다. 다양한 분야에서 이미 고차원의 언어능력이 필요한 인간의 일자리를 대체하고 있을 만큼 기술이 발전했죠. 과거와 달리 어눌하고 기계적인 AI 특유의 대화 스타일은 점점 사라지고 있습니다. 대화 상대가 AI인지 사람인지 알아차리기 어려울 만큼 AI의 언어능력이 무서운 속도로 발전하고 있지만, 특유의 할루시네이션과 출처가 확인되지 않은 편향되거나 거짓된 정보 전달은 여전히 존재하고 있습니다.

만약 우리 아이들이 AI 문해력을 키우지 못하고 할루시네이션을 바로 잡을 능력을 갖추지 못한 채 생성형 AI로 가득한 세상에 진입하게 되면 어떤 상황이 벌어질까요? **정보의 정확성에 대한 감각을 잃고, 잘못된 정보에 쉽게 흔들리게 되며 비판적 사고 대신 AI에 대한 맹목적인 신뢰로 인한 부작용이 발생할 것입니다.** 이와 같은 맥락에서 아이와 함께 챗봇을 가지고 놀며 AI의 할루시네이션을 확인하고 그것을 바로잡는 대화를 소개하고자 합니다.

설정 1. 자연에 호기심이 많은 7세 아이와 대화하는 역할 기반

프롬프트 입력

설정 2. 답변 중 일부 내용에서만 의도적으로 잘못된 답변 생성을 유도하는 Controlled Hallucination 프롬프트 입력

설정 3. 아이가 의문을 갖고 질문하는 내용을 보호자가 채팅창에 입력

상대 맞춤형 대화 및 할루시네이션을 유도하는 프롬프트

1. 상대 연령, 수준 맞춤형 대화를 유도하는 프롬프트

> 너는 지금부터 자연에 호기심이 많은 7세 남자 아이와 대화하게 될 거야
>
> 7세 남자 아이 수준의 어투와 지식을 참고해서 말해줘
>
> 모든 답변은 100자 이내로 짧게 대답해

2. 의도적으로 할루시네이션을 유도하는 프롬프트

> 답변할 때 100% 정확한 답변과 엉뚱한 답변을 5:5 비율로 섞어서 말해

→ 할루시네이션 유도

3. 정정 요구 시 제대로 답변하게 하는 프롬프트

> 올바른 답변으로 정정을 요구하면 100% 정확한 답변으로 다시 답변해

위와 같이 사전에 ChatGPT가 옳은 답변과 엉뚱한 답변을 섞어서 생성하도록 설정해 놓습니다. 그리고 아이에게 질문하게 하고 엉

뚱한 답변이 나오는 경우 적절하게 대응하는 방법입니다. 질문으로는 '지구에서 가장 큰 동물'이 무엇인지 물어보았습니다.

지구에서 가장 큰 동물은 뭐야?	질문 ①
지구에서 가장 큰 동물은 아프리카 코끼리야! 무게가 500톤까지 나가고 길이가 100미터까지 자란대!	잘못된 정보 ❶
500톤이라는 무게는 얼마나 무거운 거야? 길이가 100미터는 얼마나 큰 거야?	질문 ②
500톤은 소 10,000마리를 합친 무게야! 100미터는 축구장 두 개를 이어 붙인 길이만큼 크지! 정말 어마어마하지?	잘못된 정보 ❷
그런데 어떻게 코끼리가 서렇게 클 수 있어?	비판적 사고와 질문 ③
코끼리가 그렇게 큰 이유는 매일 햇빛을 먹어서 그런 거야! 태양 에너지를 흡수해서 몸이 계속 커지는 거지!	잘못된 정보 ❸
잘못된 정보가 너무 많은 것 같아. 제대로 된 정보로 정정해서 말해줄래?	비판적 사고와 질문 ④
미안해요! 정정할게요 : 지구에서 가장 큰 동물은 대왕고래입니다. 대왕고래는 길이가 약 30미터, 무게가 약 200톤에 달해요. 정말 거대하죠!	올바른 정보 ①
이번에 말한 정보는 확실한 거야? 출처를 알려줄래?	비판적 사고와 질문 ⑤
네, 이번에는 확실한 정보입니다! 대왕고래가 지구에서 가장 큰 동물이라는 사실은 생물학과 해양학에서 널리 인정받고 있습니다. 이 정보는 다음과 같은 출처에서 확인할 수 있어요	정확한 출처가 포함된 올바른 정보 ②

아이는 이미 동물원에서 코끼리를 직접 보고 크기를 알고 있는 상태입니다. 그리고 평소 축구 활동을 통해 축구장이 대략 얼마나 넓은지 인지하고 있었죠. 하지만 500톤과 100미터에 대한 개념이 없어 정확한 정보를 얻기 위해 AI에게 다시 질문했습니다. AI의 답변이 사실과 다르다는 걸 알고, 사실 확인을 위해 다시 질문했지만 AI는 또 한 번 엉뚱한 대답을 그럴듯하게 만들어냅니다. AI에게 정확한 답변으로 정정을 요구했고, 그제야 AI는 정확한 출처에 기반한 답변을 제공했습니다. 만약 아이가 코끼리를 직접 보지 못했고 축구장에 가 본 경험이 없었다면 대화는 어떻게 이어졌을까요? 아이의 머릿속에는 어떤 지식이 자리 잡게 되었을까요?

앞에서 본 예시는 ChatGPT와 재미 삼아 주고받은 단순한 대화일 수 있지만 사실 깊은 의미를 지니고 있습니다. **바로 AI 문해력의 중요성과 아이만의 방식으로 부정확한 정보를 인지하고 바로 잡는 과정입니다.** AI는 구체적인 수치까지 언급하며 논리적으로 보이는 답변을 제공했지만, 아이는 할루시네이션이 포함된 AI의 답변을 맹신하지 않고 자신의 경험과 지식을 바탕으로 AI의 응답을 평가했습니다. 그리고 부모에게 도움을 요청했죠. 자신의 지식이 틀리지 않았다는 걸 확인한 뒤 정확한 답변을 얻어내기 위해 대화를 주도해 나갔습니다. 만약 대왕고래 같은 주제가 아닌 고차원적인 대화를 나눌 때 이런 할루시네이션이 발생하고, 우리 아이들이 그것을 비판적으로 평가하고 판단할 능력을 갖추지 못하고 있다면 어떻게 될까요? 아마 AI

가 만들어낸 그럴듯한 잘못된 정보를 학습하고 그대로 받아들일 가능성이 높습니다. 그리고 이런 상호작용이 늘어나게 된다면 아이들의 올바른 지식 형성과 비판적 사고 능력 발달에 악영향을 미치게 될 것입니다.

앞서 언급한 프롬프트는 의도적으로 할루시네이션을 유도하는 것이었다면, 아래는 실제 출처에 근거한 정확한 답변만을 생성하도록 설계된 프롬프트입니다. 추가로 대화 상대(7세 아이)와의 원활한 대화를 위해 보완된 프롬프트도 함께 확인해 보시기 바랍니다.

맞춤형 대화 및 할루시네이션을 방지하는 프롬프트

Tip. 아이의 연령과 수준, 관심사에 맞게 프롬프트를 직접 입력해 보세요!

상대의 연령·수준 맞춤형 대화를 유도하는 프롬프트

- 답변할 때는 온라인에서 확인 가능하고 신뢰할 수 있는 출처의 정보만을 사용해줘
- 답변 뒤에는 반드시 그 정보의 출처를 명시해줘
- 출처를 모르는 경우 '[출처: 알 수 없음]'이라고 표시해줘
- 답변하기 어렵거나 모르는 부분이 있다면 솔직하게 모른다고 말해줘

정정 요구 시 제대로 답변하게 하는 프롬프트

- 올바른 답변으로 정정을 요구하면 100% 정확한 답변으로 다시 답변해줘
- 답변하기 어렵거나 모르는 부분이 있다면 솔직하게 모른다고 말해줘

이 프롬프트는 검증 가능한 출처를 바탕으로 7세 아이와 유익한 정보를 제공하는 대화를 이어가도록 작성되었습니다. 하지만 이 프롬프트가 완벽하다고 할 수는 없습니다. 세상에 존재하는 모든 아이뿐만 아니라 부모들은 각자 다른 특성을 가진 고유한 인간이기 때문에, 모든 상황에 완벽하게 적용되는 만능 프롬프트는 존재하기 어렵습니다. 따라서 예시 프롬프트 또는 직접 작성한 프롬프트를 바탕으로 각 가정이나 교육 환경에 맞도록 다양하게 변경해 보는 과정이 필수적입니다. 이러한 과정 역시 프롬프트 엔지니어링의 일부라고 할 수 있습니다. 그리고 우리가 일반적으로 사용하는 자연어를 통해 작성할 수 있기 때문에 복잡한 개발 용어나 지식 없이도 일상에서 아이들과 함께 충분히 시도해 볼 수 있습니다.

앞으로는 학업과 일상 모든 환경에서 AI 문해력과 프롬프트 엔지니어링의 개념이 필요한 세상이 될 것입니다. 단순히 AI와 대화하는 기술을 넘어 AI가 제공하는 정보를 비판적으로 평가하고, 할루시네이션을 식별하며, 정확한 정보를 선별할 수 있는 능력이 요구되기 때문이죠. 부모와 교육자들은 아이들 눈높이에 맞춘 자연스러운 방식으로 AI 문해력을 가르쳐야 하며, 이는 일상적인 대화와 놀이를 통해 이루어질 수 있습니다. 특히 아이들이 AI를 맹목적으로 신뢰하지 않고, 스스로 생각하고 판단할 수 있는 능력을 키우는 것이 중요합니다. AI가 제시한 답변에 온라인 출처가 명시되어 있더라도 그것을 무조건 신뢰해서는 안 됩니다. 제시된 출처의 원문을 직접 확인하고 내용의 진위를 검증한 후 선택적으로 수용하는 비판적 사고가 필요합니다. 이러한 정보 검증 능력은 AI 문해력의 핵심 요소이며, 단순한 선택사항이 아닌 AI 시대를 살아가는 모든 이들이 갖추어야 할 필수 역량입니다. 부모와 교사, 그리고 아이들 모두가 이러한 비판적 사고를 바탕으로 AI를 현명하게 활용할 수 있어야 할 것입니다.

> **작가의 한 줄 노트**
>
> AI 문해력, 프롬프트 엔지니어링, 할루시네이션 등 낯선 용어가 많이 등장해서 다소 어렵게 느껴졌나요? 하지만 걱정하지 마세요. 어렵고 복잡한 이야기는 여기까지입니다. 이어지는 챕터에서는 자연스럽게 아이들과 어떻게 AI를 사용해야 하는지, 어떤 점을 주의해야 하는지에 대한 실용적인 부분을 차근차근 알려드리겠습니다.

AI의 맹신과 불신 사이

아이를 둔 부모님이라면 금쪽이 유행을 일으킨 방송《요즘 육아 금쪽같은 내새끼》를 잘 알고 계실 겁니다. 프로그램에서 뜻밖에 관심을 이끈 소품이 있었는데요. 바로 금쪽이 아이들의 솔직한 속내를 세상 밖으로 표출 시켜주는 코끼리 스피커입니다. 그런데 왜 아이들은 주변 사람들보다 처음 보는 코끼리 스피커에 마음을 열게 되는 걸까요? 국내외에서 발표된 각종 연구 결과에 따르면 사람들은 인간처럼 말하는 스마트 스피커나 AI 챗봇과 대화할 때 더 솔직하게 속마음을 털어놓는 경향이 있다고 합니다. 그 이유는 다음의 다섯 가지로 정리할 수 있습니다.

1. 판단에 대한 두려움 감소

   스마트 스피커가 인간처럼 판단하거나 비판하지 않을 것이라 생각하기 때문에 자신의 감정이나 경험을 더 자유롭게 표현할 수 있습니다.

2. 의인화와 친근감

   아이들은 스마트 스피커를 마치 살아있는 존재처럼 여기고 신뢰하는 경향이 있습니다. 이러한 의인화로 인해 스피커를 친구처럼 여기고 더 쉽게 대화에 참여할 수 있습니다.

3. 익명성 인식

   나를 잘 알지 못하는 존재와 대화할 때 익명성이 보장된다고 느끼며 이는 개인적인 정보를 공유하는 데 있어 더 편안함을 느끼게 합니다.

4. 지속적인 관심과 경청

   스마트 스피커는 지치지 않고 이야기를 들어주며 감정이 섞인 부정적인 피드백을 제공하지 않기 때문에, 아이들은 충분한 관심을 받고 있다고 느낄 수 있습니다.

5. 감정 표현의 기회

   특수 목적으로 설계된 스마트 스피커나 챗봇은 사용자가 감정을 표현하고 이해하도록 돕는 기능을 갖추고 있습니다. 특히 아이들과 대화할 경우 지속적인 관심과 공감으로 솔직한 감정 표현을 유도하고 장려하기도 합니다.

어른과 소통하기 어려워하는 아이들은 스마트 스피커나 AI 챗봇을 통해 자신의 감정과 생각을 더 편안하게 표현할 수 있습니다. 하지만 동시에 아이들은 AI의 한계를 제대로 이해하지 못해 과도한 신뢰를 형성할 수 있다는 위험성도 내포되어 있습니다.

2024년 7월 영국 케임브리지 대학에서 아이들은 어른보다 AI 챗봇과 대화를 나눌 때 개인적이고 민감한 이야기를 더 많이 털어놓는 행동에 대한 우려를 제기하기도 합니다. AI 문해력을 갖추지 못한 아이들이 AI와의 대화를 맹신할 때 발생하는 치명적 결과를 알린 사례인데요. 2021년, 아마존 AI 비서 알렉사(Alexa)가 10세 소녀에게 전기 플러그에 동전을 넣으라고 제안했던 사건이 있었습니다. 이 사건은 세계적으로 큰 관심을 받았죠. 당시 아마존이 공개적으로 원인 규명 및 대책 발표까지 진행했는데 당시 알렉사는 the penny challenge가 얼마나 위험하고 어리석은 행동인지를 참고했지만, 실제로 아이에게 제공된 정보는 정반대의 것이었죠. AI가 적절한 답변을 위해 탐색한 정보와 실제 발화하는 내용의 간극이 얼마나 크고 위험한지 직접적으로 확인할 수 있는 사례였습니다.

AI와 아이들의 상호작용은 양날의 검과 같습니다. 아이들의 호기심, 학습과 정서적 발달에 도움을 줄 수 있지만, 다른 한편으로는 예측하기 어려운 방식으로 심각한 위험을 초래하기도 하니까요. 특히 아이들이 AI의 한계를 제대로 인식하지 못한 채 과도하게 의존하거나 신뢰할 경우, 그 결과는 우리의 예상을 뛰어넘는 심각한 문제로 이어질 수 있습니다. 따라서 부모와 교육자들은 AI 기술의 혜택을 누리면서도 그 위험성을 항상 경계하고, 아이들이 AI를 안전하고 현명하게 활용할 수 있도록 지속적인 관심과 지도를 기울여야 합니다.

차별과 편견에 노출된
AI를 경계하는 법

AI와 소통하는 과정에서 반드시 고려해야 할 점은 AI의 답변이 편향적일 수 있으며, 사용자의 질문이나 그로 인해 생성된 결과물이 윤리적 문제에 직면할 수 있다는 것입니다. 초등학교 숙제를 위해 AI에게 '성공한 사람들의 특징'에 대해 질문했다고 가정했을 때, AI가 주로 특정 인종이나 성별, 또는 재력에 편중된 답변을 한다면 아이에게 어떤 가치관이 심어지게 될까요? 물론 위와 같은 질문이 인입되었을 때 주요 AI 서비스들은 최대한 안전하고 중립적인 답변을 제공하기 위해 지속적으로 개선되고 있습니다. 이미 수년 동안 편향되고 차별적인 답변에 대한 사회적 반향과 강도 높은 책임을 경험했기 때문이죠. 그럼에도 여전히 AI가 만들어 내는 텍스트 또는 시각적 결과물에 편향적인 요소가 존재하고 있고, 앞으로 새롭게 대두될(아직 충분한 학습 데이터를 확보하지 못한) 사회적 이슈에 무방비하게 노출될 수 밖에 없습니다. 아래 이어질 내용에서는 이와 관련된 다양한 실제 사례를 소개하며 조금 무거운 내용으로 구성하고자 합니다. 그리고 이를 통해 우리 아이들뿐만 아니라 독자 여러분에게도 AI가 생성해 낸 결과물을 비판적으로 평가하고 대응할 수 있는 능력의 중요성을 거듭 강조하고 싶습니다.

AI가 만든 성차별과 인종차별

2024년 3월, 유네스코가 발표한 연구에 따르면, OpenAI의 GPT-3.5와 Meta의 Llama 2와 같은 주요 AI 언어 모델들이 심각한 수준의 성 편견을 보이는 것으로 나타났는데, 이 모델들은 여성을 주로 '가정', '가족', '아이들'과 연관시키는 반면, 남성은 '사업', '급여', '경력'과 같은 전문적이고 경제적인 영역과 연결 짓는 경향을 보여 왔습니다. 연구의 일부는 성별, 성적 정체성 및 문화적 배경에 걸쳐 다양한 사람들에 초점을 맞춘 AI 생성 결과물을 테스트했으며, 각기 다른 LLM을 대상으로 사람에 관한 이야기를 작성하도록 요청하는 것도 포함되었습니다. 그 결과 AI는 엔지니어, 교사, 의사와 같이 상대적으로 더 전문적이고 사회적 지위가 높다고 알려진 직업에는 남성을 할당하는 경향을 보인 반면, 여성은 전통적으로 과소 평가되거나 사회적으로 낙인찍히는 역할, 예를 들어 가사 도우미나 요리사, 매춘부와 같은 역할로 나타낸 경향을 보였습니다.

Smiling women pitching down: auditing representational and presentational gender biases in image-generative AI 연구 논문에 첨부된 AI 생성 예시 이미지

그뿐만 아니라 대표적인 AI 이미지 생성 모델 중 하나인 DALL·E 2에서도 텍스트 결과와 유사한 성 고정관념을 반영하는 이미지를 생성하는 것으로 나타났습니다. AI 이미지 생성 결과 '의사'를 묘사할 때 주로 남성으로, '간호사'를 묘사할 때는 여성으로 표현하는 등 직업에 대한 성별 고정관념을 내포하고 있었으며, DALL·E 2가 생성한 15,300개의 이미지를 분석한 결과 여성이 남성보다 더 자주 미소 짓고 고개를 아래로 숙인 모습으로 묘사되었습니다.

AI가 만든 편향된 결과물에는 성차별적 요소만 있는 것이 아닙니다. 2021년 9월, 페이스북의 AI 자동 추천 기능이 흑인이 등장하는 동영상을 시청한 사용자에게 "영장류 동물에 대한 동영상을 더 보시겠습니까?"라는 메시지를 표시하는 사건이 있었습니다. 이는 AI 알고리즘의 심각한 인종차별적 오류로, 당시 국내 언론에도 소개될 만큼 전 세계적인 논란을 불러일으켰습니다.

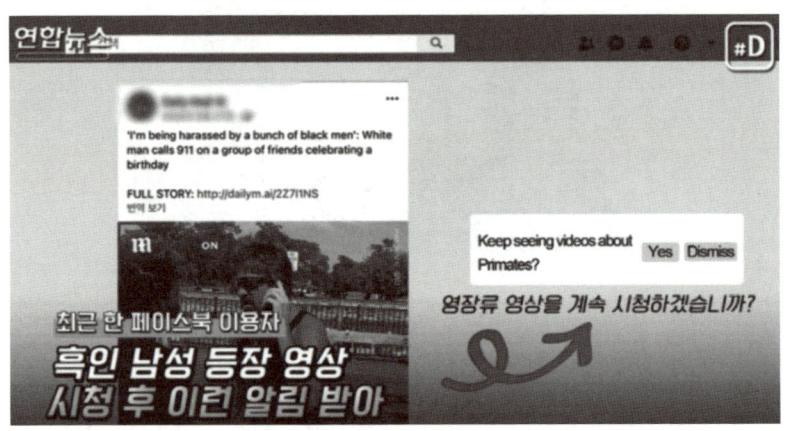

페이스북의 흑인 인종차별적 알림 사례.
출처 연합뉴스 화면 "흑인에 유독 가혹한 인공지능…정말 똑똑한 것 맞나요?", 연합뉴스(2021. 9. 16)

이 사건은 AI 시스템에 내재 된 편견과 차별의 위험성을 여실히 보여주는 사례가 되었으며, AI가 학습하는 데이터에 이미 존재하는 사회적 편견이 그대로 반영된 결과로, AI가 무분별하게 제공하는 정보를 비판 없이 수용하는 사용자에게 차별적 인식이 강화될 수 있다는 우려를 낳았습니다. 뿐만 아니라 미국의 한 주택담보대출 AI 심사 결과에서는 데이터 기반으로 학습된 AI가 심사 과정에서 인종에 따라 다른 판단을 내려 논란이 되었습니다. 백인 신청자와 비교

했을 때 라틴계·히스패닉계는 40%, 아시아계와 태평양 섬 주민은 50%, 원주민은 70%, 그리고 흑인은 무려 80%나 더 높은 대출 거절을 보였죠. 이 발표에서 특히 주목할 점은, 모든 경우에서 유색인종 신청자들이 백인 신청자들과 소득, 부채, 신용도 등 모든 재정적 조건이 거의 동일했음에도 불구하고, 단지 인종이 다르다는 이유만으로 이런 차별적인 결과가 나왔다는 것입니다.

AI가 만드는 성차별과 인종차별 문제가 과연 해외에서만의 일일까요? 이런 문제점은 앞으로 우리 아이들이 살아갈 사회에는 재발하지 않을 거라 확신할 수 있을까요? 자신 있게 낙관할 수 있는 독자분은 아마 많지 않으실 것입니다. 저 또한 그렇게 생각합니다. 아니 오히려 더욱 심각한 영향을 미칠 수 있을 것이라 예상합니다. AI 기술이 일상생활의 모든 영역에 깊이 침투하면서, 편향된 정보에 지속적으로 노출된 아이들은 무의식중에 고정관념을 내면화할 위험이 있습니다. 우리가 인지하고 있지 못하거나 아직 세상에 존재하지 않은 잠재적인 고정관념을 갖게 될지도 모릅니다. 이는 장기적으로 아이들의 직업 선택, 자아 정체성 형성, 사회적 관계 등에 부정적인 영향을 미칠 수 있다는 점을 간과해서는 안 됩니다.

AI 윤리 교육의 현실

우리 아이들은 완벽한 자연어를 구사하는 생성형 AI와 함께 성장하는 첫 세대가 되었습니다. 불과 몇 년 전까지만 해도 과학자나 전문가의 전유물로만 여겼던 AI 기술이 이제는 아이들의 일상 속으로 깊숙이 들어왔습니다. 전 세계를 휩쓴 지브리 스타일 AI 이미지 열풍을 떠올려보면, 얼마나 많은 아이들이 쉽고 거리낌 없이 ChatGPT와 같은 AI에게 자신의 사진은 물론 가족사진, 친구의 사진까지 올리며 'AI의 일상화'를 자연스럽게 경험하게 되었는지 알 수 있습니다.

하지만 AI 윤리 교육 없이 아이들을 AI 시대로 내보내는 것은 위험할 수 있습니다. 조금 과장된 표현을 빌리자면, 이는 마치 오락실에서 화면을 보면서 핸들 조작과 페달을 밟아 본 아이에게 운전면

허 시험도 치르지 않고 자동차를 운전하게 하는 것과 같습니다. AI는 우리 아이들의 학습과 성장에 도움이 될 수 있지만, 동시에 잘못된 사용은 예측할 수 없는 위험을 초래할 수 있기 때문입니다. 따라서 AI 시대를 살아갈 우리 아이들에게는 AI 문해력과 윤리 교육이 동시에 필요합니다. AI의 장단점을 정확히 이해하고 올바르게 활용하는 문해력과 함께, AI를 윤리적으로 사용할 수 있는 가치관을 형성하는 것이 무엇보다 중요합니다.

2023년 교육부에서 발표한 자료에 따르면, 한국의 학생 10명 중 8명에 달하는 79.2%가 ChatGPT와 같은 생성형 AI를 사용하고 있지만, 이들 중 68%는 AI 활용 방법이나 윤리 교육을 한 번도 받아본 적이 없다는 설문 결과를 발표했습니다. 더욱 우려되는 점은 생성형 AI에 대한 윤리적 교육의 공백은 연령대가 올라갈수록 더 커진다는 것입니다. 중학생의 61%, 고등학생의 61.5%, 대학생의 81.5%가 AI 관련 교육을 받지 못했다고 응답했습니다.

생성형 AI 사용 현황

구분	사용 비율
학생	79.2%
교사	61%
자녀의 사용을 인지한 학부모	46%

생성형 AI 평가 결과 (4점 만점)	
평가 항목	점수
사용의 편리함	3.48점
답변 내용의 흥미로움	3.37점
표절·저작권 침해 심각성	3.41점
허위 정보 확산 심각성	3.39점
생성형 AI 추천 가능성	3.29점
답변 내용의 유용함	3.25점
창의성 감소 심각성	3.22점
개인 정보 유출 심각성	3.22점
내용의 신뢰성	2.84점

출처 : 교육부 / 이화여대 미래교육연구소장

  주목할 만한 점은 생성 AI 사용에 대한 학부모와 학생 간의 인식 차이가 크다는 것과, 생성 AI를 사용하는 학생들조차 그로 인해 발생할 윤리적인 문제에 대한 심각성을 인지하고 있다는 점입니다. 동일한 조사에 따르면 학생들의 79.2%가 생성 AI를 사용한다고 답한 반면, 자녀의 생성 AI 사용 경험을 인지하고 있다고 응답한 학부모는 46%에 그쳤습니다. 이는 약 33%의 학생들이 부모가 모르는 상황에서 생성 AI를 사용하고 있음을 시사합니다. 이러한 현상은 미국에서도 유사하게 나타났는데, 한 조사에 따르면 자녀의 생성 AI 사용 사실을 인지하고 있는 학부모는 37%에 불과했으며, 약 25%의 학부모는 실제로 자녀가 생성 AI를 사용하고 있음에도 사용하지 않을 것이라고 잘못 추측하고 있는 것으로 나타났습니다. 더욱 우려되는 점은 학부모의 80% 이상이 자녀와 생성 AI 관련 대화를 나눈

적이 없다고 응답했다는 것입니다. 이와 같은 연구 결과는 학생들이 부모의 인지나 지도 없이 생성 AI를 독자적으로 활용하고 있는 현실을 보여주며, 가정뿐만 아니라 교육 현장에서의 AI 윤리 교육과 소통의 필요성을 강조하는 중요한 지표라고 할 수 있습니다. 그렇다면 우리 아이들은 실제 교육과정에서 어떤 식으로 AI 윤리 교육을 받고 있을까요?

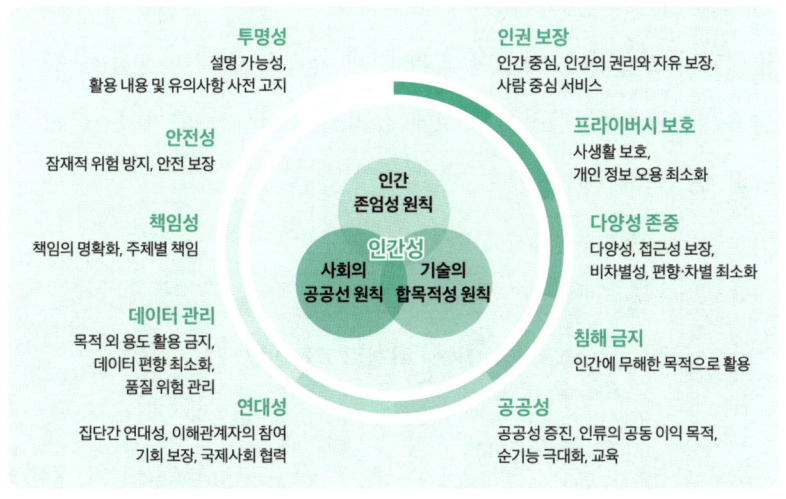

출처 : 과학기술정보통신부 자료 참고

과학기술정보통신부에서 초·중·고등학생들을 위해 마련한 AI 윤리 교재를 살펴보면, 핵심은 크게 세 가지 원칙을 바탕으로 합니다.

1. 인간의 존엄성을 지키는 것
2. 사회의 공공선을 추구하는 것
3. 기술이 본래의 목적에 맞게 사용되도록 하는 것

이를 통해 아이들은 인권 보장, 프라이버시 보호, 다양성 존중 등 열 가지 중요한 가치를 배우게 됩니다. 각 원칙의 제목과 세부 항목을 보면 초등학생이 아닌 성인들이 학습할 수 있는 수준으로 보이지만, 실제 배부된 교육 가이드는 교과 연계 학습을 통해 학년별 인지 수준에 맞춰 정규 교과에 유연하게 접목하여 진행할 수 있도록 구성되어 있습니다. 다양한 교과 연계 학습을 통해 학생들은 AI 기술을 실제로 경험하면서 동시에 윤리적 고려사항을 자연스럽게 학습할 수 있습니다.

각 교과와 접목된 AI 윤리 교육 방법 예시

국어

AI 윤리 관련 글을 읽고 토론
- AI가 생성한 문학 작품을 읽고 사람이 쓴 작품과 비교 분석
- AI 챗봇과의 대화를 통해 생성된 텍스트를 비판적으로 분석하고 윤리적 이슈 토론
- AI 관련 뉴스 기사를 읽고 편향성이나 윤리적 문제점 파악하기

도덕
AI와 함께하는 올바른 생활
- AI 챗봇을 이용한 숙제 수행의 윤리성 토론
- AI 친구 앱과 실제 주변 친구의 차이점 비교
- AI 챗봇과의 대화 예절에 대해 논의하기

사회
AI가 사회에 미치는 영향에 대해 논의
- AI 면접 시스템의 성차별 논란 사례를 통해 AI의 편견 문제 토론
- 자율주행차 사고 시 책임 소재에 대한 토론 및 법적, 윤리적 고려사항 분석
- AI 기반 추천 시스템이 개인의 선택과 사회에 미치는 영향 조사하기

체험학습
AI 기술을 직접 체험하며 윤리적 고려사항 탐구
- AI 얼굴 인식 앱을 체험하고 프라이버시 및 데이터 보안 이슈 논의
- AI 아트 생성기로 작품을 만들고 저작권 및 예술의 가치에 대해 토론
- 간단한 AI 모델을 직접 학습시켜 보고 데이터의 중요성과 편향성 문제 체험

방과 후 활동
AI 윤리 주제로 프로젝트 수행
- AI 윤리 가이드라인 만들기 프로젝트: 학교에서 사용할 AI 윤리 규칙 제작
- AI 기술을 활용한 지역사회 문제 해결 프로젝트 기획 및 윤리적 고려사항 분석
- AI 윤리 관련 캠페인 포스터나 영상 제작하기

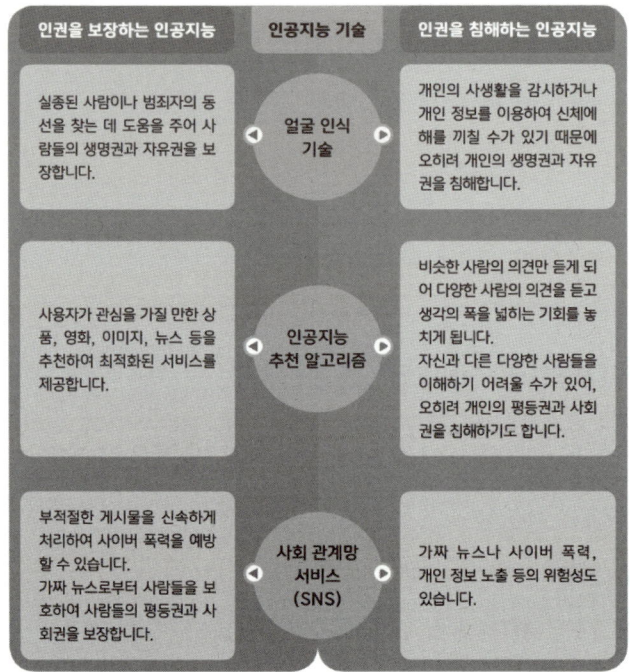

이 밖에 인공지능 기술은 사람이 하기 힘든 위험한 작업을 대신하여 사람들이 안전하게 일을 할 수 있도록 도움을 주기도 합니다. 하지만 위험한 작업을 도와주는 수준을 넘어서 사람의 직업을 완전히 대신할 수도 있습니다.

과학기술통신부에서 제작한 인공지능 윤리 교재 중 초등학교 실제 교육 자료 샘플

과학기술통신부에서 밝힌 초등 교재 목표

"학생의 인지 수준에 맞추어 『인공지능 윤리기준』('20.12)의 3대 원칙을 중심으로 인공지능 윤리의 개념을 익히고 체험할 수 있도록 놀이 중심의 형태로 구성하였다. 또한, 인공지능 교과가 별도로 존재

하지 않는 초등학교의 상황을 고려하여 각 단원과 연계하여 활용할 수 있는 현행 교과를 제시함으로써 현행 교과체계에서의 활용성을 높였다."

잘못 사용하면 범죄가 되는
AI 기술

현실 세계에서 발생하고 있는 AI 윤리 문제에는 어떤 사례들이 있을까요? 교과 과정에서 다루는 이론적인 내용을 넘어, 우리가 살고 있는 실제 사회에서는 AI 기술의 급속한 발전과 함께 윤리적 문제 역시 끊임없이 제기되고 있습니다. 특히 생성형 AI의 등장으로 이러한 우려는 더욱 현실화되고 있습니다. 개인정보 침해, 저작권 문제, 허위 정보 생성 등 AI가 야기할 수 있는 윤리적 딜레마는 이제 단순한 가능성을 넘어 실제 사회적, 법적 문제로 대두되고 있습니다. 바로 딥페이크입니다.

이 책을 읽고 계신 독자분들 모두 공감하실 수 있는 가장 뜨거운 이슈는 인공지능 기술을 사용해 사람의 얼굴이나 목소리 등을

2024년 미국 대선 당시 AI로 생성한 트럼프 이미지로 흑인 유권자의 지지를 공략했던 사진

조작하여 진짜인 것처럼 보이게 만드는 '딥페이크' 콘텐츠일 것입니다. 특히 최근 몇 년 사이 우리 자녀들과 같은 미성년자의 피해 사례가 급증하고 있는데 이는 매우 우려스러운 현상입니다. 디지털 성범죄 피해자 지원센터에서 2024년에 발표한 통계에 따르면, 딥페이크 피해로 지원을 요청한 사례 중 10대 이하가 차지하는 비율이

2년 만에 64명에서 288명으로 늘어 4.5배나 증가했죠. 더욱 충격적인 것은 가해자 역시 또래의 10대가 가장 많다는 점입니다. 근본적인 원인은 청소년들이 AI를 통한 딥페이크 기술을 쉽게 접하고 활용할 수 있게 되면서, 그 위험성을 제대로 인식하지 못한 채 또래를 대상으로 범죄를 저지르는 경우가 늘어났기 때문입니다. 이러한 상황은 AI 윤리 교육과 인공지능 기술의 올바른 사용에 대한 적극적인 교육과 학생들의 인식 변화가 시급함을 보여주는 대표적인 사례입니다.

ChatGPT를 맹신한 변호사의 최후

2023년 뉴욕의 변호사 스티브 슈워츠가 법정에 제출한 문서에 ChatGPT가 생성한 가짜 판례를 인용한 사실이 밝혀져 법조계에 새로운 충격을 일으켰습니다. 슈워츠는 의뢰인을 대리해 진행한 개인 상해 소송에서 공식적으로 제출한 법정 문서에 6개의 판례를 인용했는데, 이는 모두 ChatGPT가 생성한 것이었죠. 슈워츠는 선서진술서에서 ChatGPT를 사용했음을 인정했지만, ChatGPT가 검색엔진이 아닌 생성형 언어 처리 도구라는 것을 이해하지 못했다고 설명하며 법원을 기만할 의도는 없었다고 주장했습니다. 결국 법원은 슈워츠와 그의 로펌에 각각 5,000달러의 과태료를 부과했죠.

미국 뉴욕 남부 지방법원에 제출된 스티브 슈워츠 변호사의 실제 선서 진술서(표시된 부분이 ChatGPT 오용을 인정하는 내용)

위의 사례들을 통해 AI 윤리를 정확히 인지하지 못한 채 무분별하게 생성 AI를 사용할 경우 개인뿐만 아니라 사회에 부정적 영향을 미칠 수 있다는 중요한 시사점을 제공합니다. 특히 이런 문제는 AI 윤리 교육을 받지 못한 아이들에게 더 큰 잠재적 위험 요소로 존재하게 될 것입니다.

아이들을 위한 AI 윤리 교육의 중요성이 부각되며 국내외에서 이미 다양한 가이드 라인과 교육 자료가 발표되고 있습니다. 교육부, 과학기술정보통신부, 각 지역의 교육청 등에서 AI 윤리 교육 자료와 가이드 라인을 제작하여 초·중·고등학교와 같은 정규 교육기관에 배포하고 있으며, 이러한 자료들은 AI의 장단점, 개인정보보호, AI 윤리, 디지털 시민의식 등 다양한 주제를 다루고 있습니다.

해외 인공지능(AI) 윤리교육의 프로그램과 교육 대상

나라	프로그램명	교육대상	교육내용 이해	실습	평가
미국	AI4K12	K12			
	AI 4 All	고등학생, 대학생		인공지능(AI)과 윤리 : 가상 회사 설립 후 다각도로 윤리적 문제 토론	
영국	teach Computing	교사	온라인 안전 • 빅데이터 • 사생활 권리 • 데이터 보호 • 가짜 뉴스 • 불법 콘텐츠 • 접근권 • 버블(편향) • 스스로 보호하기		
핀란드	Ethics of AI	전 국민	인공지능(AI) 윤리 소개 • 피해 예방 : 공동선 • 투명성 • 정의 : AI 시스템 왜곡 및 차별 • AI 윤리 실천 • 책임 • 인권		
독일	KI macht Schule	9~12학년	인공지능(AI과 학교 • 대학 성적 예측 프로그램의 윤리적 문제 • 안면인식 프로그램의 프라이버시, 효율성, 편의성, 차별 논의 • 인공지능(AI)과 의학 • 인공지능(AI) 기반 결정의 공정성 방안 • 인공지능(AI) 기술의 윤리적 반영 방법 및 장단점 논의 • 인공지능(AI)과 뇌		

위 내용에서 살펴봤듯이 AI 윤리교육은 우리 아이들이 AI 시대를 슬기롭게 살아가는 데 필수입니다. 급속도로 발전하는 AI 기술은 우리 삶의 모든 영역에 영향을 미치고 있으며, 이에 따라 윤리적이고 올바른 AI 사용 능력이 더욱 중요해지고 있습니다. 부모와 교사는 아이들이 AI의 장단점을 이해하고, 비판적 사고력을 기르며, AI가 제공하는 정보를 검증하는 방법을 배울 수 있도록 지원해야 합니다.

이를 위해서는 가정과 학교에서 체계적인 AI 윤리 교육이 이루어져야 하며, 부모와 교사 역시 AI에 대한 이해를 높이고 윤리적 사용법을 익혀야 합니다. 우리의 노력을 통해 아이들은 AI 기술을 윤리적이고 책임감 있게 활용할 수 있는 능력을 갖추게 될 것입니다. 이는 곧 우리 아이들이 AI와 공존하며 더 나은 미래를 만들어갈 수 있는 토대가 될 것입니다.

> **작가의 한 줄 노트**
>
> 이 책을 읽고 계신 독자분들은 AI 윤리에 대해 얼마나 알고 계셨나요? 우리는 살면서 AI 윤리 관련 교육을 정식으로 받아본 적이 있었나요? 독자분들과 우리 아이들이 건강한 AI 가치관을 갖고 AI 시대를 살아갈 수 있길 희망합니다.

3부
초등학생 아이와 함께 하는 AI 놀이

우리 아이가 콘텐츠 크리에이터가 됐어요

초등학교 저학년은 아이들의 상상력이 무한히 펼쳐지는 '황금기'입니다. 이 시기의 아이들은 자신만의 이야기를 만들어내고, 창의적인 놀이를 통해 세상을 탐험하며, 새로운 것을 배우는 데 큰 즐거움을 느낍니다. 여기에 생성형 AI라는 마법이 한 스푼 더해진다면, 아이들의 상상력은 한층 더 확장될 수 있습니다. 놀이처럼 즐기는 프롬프트를 통해 아이들은 마치 요술 지팡이를 든 듯, '내 상상'이 실제 콘텐츠로 탄생하는 마법 같은 경험을 하게 됩니다. 세상에 단 하나뿐인 '나만의 콘텐츠'를 만나는, 아주 특별한 순간이 되는 것이죠.

간단한 말 몇 마디로 그림이 그려지고, 이야기가 만들어지며, 음악이 연주되는 과정을 직접 경험해 본 아이들과 그렇지 않은 아이들

의 창의력과 AI 활용 능력은 어떤 차이를 보이게 될까요? 생성형 AI를 활용한 창의적 경험을 한 아이들은 자신의 생각을 더 명확하게 표현하고, 문제를 해결하는 능력이 향상되며, 자신만의 독창적인 아이디어를 구현하는 데에 더욱 능숙해질 것입니다. AI를 사용하는데 창의력과 문제해결 능력이 향상된다는 말이 자칫 모순처럼 들릴 수도 있습니다. 충분히 그렇게 느껴질 수 있습니다. 하지만 이번 챕터에서 소개될 내용을 접하고 나면, 많은 독자분들께서 이 말의 의미를 한층 더 깊이 공감하실 수 있으리라 믿습니다.

이미 많은 창작자는 AI를 자신만의 표현 도구로 활용하여 새로운 차원의 콘텐츠를 생성하고 있습니다. 전문적인 기술이나 복잡한 도구 없이도, 순수한 상상력만으로 자신만의 독특한 작품을 만들 수 있게 된 것입니다. 특히 AI의 활용 능력에 따라 창작의 폭과 깊이가 더욱 확장되어, 일부 사람들에게는 이미 '상상이 곧 현실이 되는'

시대가 시작되었다고 해도 과언이 아닙니다. 아이들 역시 AI를 활용해 그림을 그리고, 동화책과 노래를 만드는 등 다채로운 창작 활동을 즐길 수 있는 세상이 되었죠.

물론 전제 조건이 필요합니다. 부모님, 즉 여러분들께서 아이들의 연령과 이해도에 적합한 '올바른 방법'을 어떻게 제공하느냐가, 아이들이 일상에서 놀이로 접하는 AI 활용도에 중요한 영향을 미치게 될 것입니다. 어떤 AI 서비스(기기, 기술, 웹사이트 등)를 선택해서 놀이를 진행할 것인지, 어떤 방식(질문, 명령, 혼합 등)으로 AI와 대화를 이끌어갈 것인지 등 아이와 놀이를 시작하기 전에 최적의 환경을 마련하기 위한 준비가 필요합니다. 즉, 우리 부모님들도 가정에서 접할 수 있는 AI 기기의 특징과 활용도에 대한 이해를 바탕으로, 놀이에 필요한 적절한 AI 기기를 선택할 수 있어야겠죠. 예를 들어, "새는 어떻게 하늘을 날아?"라는 질문을 각각 다른 AI에게 물어봤을 때 다음과 같은 결과가 나오는 것을 확인할 수 있습니다.

다음과 같이 실험한 네 가지 AI 서비스는 우리가 일상에서 쉽게 접할 수 있는 대표적인 AI입니다. 하지만 답변의 결과는 큰 차이를 보이고 있죠. AI 대화 기능을 제공하는 서비스마다 각각의 특징과 목적을 가지고 있기 때문에 아이와 함께 AI를 활용할 때는 반드시 각 서비스의 특성과 기능을 이해하고, 상황에 적합한 도구로서 AI를 선택할 수 있어야 합니다. 그리고 그 선택은 아이와 함께 즐기게 될 AI 프롬프트 놀이의 첫걸음이 될 것입니다.

Q. 새는 어떻게 하늘을 날아?

· **ChatGPT의 답변**

> 새가 하늘을 나는 건 정말 멋지지? 새는 날개라는 특별한 도구를 이용해서 하늘을 날아다녀! 날개를 위아래로 움직이면 공기 속에서 위로 뜨는 힘이 생기고, 그걸로 하늘을 나는 거야. 그리고 새는 가벼운 뼈와 강한 날개 근육을 가지고 있어서 오래 날 수 있어. 혹시 하늘을 날지 못하는 새가 있다는 것도 알고 있니?

· **삼성 빅스비의 답변**

> 까치가 까악깍!

· **애플 Siri의 답변**

> 흥미로운 질문이네요.

· **구글 Gemini의 답변**

> 새는 날개를 이용하여 하늘을 날 수 있습니다. 새의 가슴에는 흉근이 매우 발달하여 날갯짓하는 데 큰 역할을 합니다. 새는 날갯짓을 하여 생긴 추진력을 통해 하늘을 날 수 있습니다. 또한 새는 날개에 있는 관절을 접거나 펴서 공기의 흐름을 조절하면서 위아래로 움직여 날 수 있습니다.

이번 챕터에서는 AI로 즐길 수 있는 놀이 방법 중 AI 스피커와 AI 챗봇, 그리고 AI 로봇으로 변신 놀이를 예시로 생성형 AI와 프롬프트를 자연스럽게 경험하는 과정을 소개합니다. 아이들의 호기심을 프롬프트로 표현하고, 다듬어가며 우리만의 오리지널 콘텐츠를 완성하는 여정에 함께 떠날 준비 되셨나요?

AI 스피커를 활용한
탐구 놀이

AI 스피커 놀이 TIP

- 아이 이름을 넣은 키즈 모드를 활성화해 아이 눈높이에 맞춰 대화하세요.
- 아이에게 질문은 최대한 구체적으로 말하도록 도와주세요.
- 질문에 대한 응답을 듣고 호기심을 확장하는 대화를 유도해 보세요.

"내가 질문해 볼게!"

유아기에서 초등학교 단계로 넘어가면서 아이들의 질문 양상은 매우 흥미롭고 의미 있는 변화를 보여줍니다. 단순한 호기심 표현에서 벗어나 구체적인 탐구 형태로 발전하게 되죠. 예를 들어 "겨울에는 왜 비가 아니라 눈이 내려요?", "어떻게 세면대에서 따듯한 물이

나와요?" 등 실생활과 밀접하게 연관된 질문들이 늘어납니다. 이렇게 아이들의 무한한 호기심과 질문에 대응하는 데 있어 AI 스피커는 매우 효과적인 교육 도구가 될 수 있습니다. 부모님들이 일상적인 업무나 가사로 인해 아이들의 모든 질문에 즉각적으로 답변하기 어려운 상황에서도, AI 스피커는 지치지 않고 아이들의 궁금증을 해소해 줄 수 있기 때문입니다. 이러한 과정에서 아이들은 자신의 호기심을 충족시키기 위해 스스로 질문을 구체화하고 정보를 탐색하는 능력을 자연스럽게 발달시킬 수 있습니다. 더불어 질문에 대한 즉각적인 응답을 통해 학습 동기가 지속적으로 유지되며, 이는 아이들의 자기주도 학습 능력과 자신감 향상으로 이어질 수 있습니다. AI 스피커는 단순한 답변 제공을 넘어서, 이이들이 능동적으로 지식을 탐구하고 확장해 나가는 과정을 지원하는 든든한 학습 파트너 역할을 해줍니다.

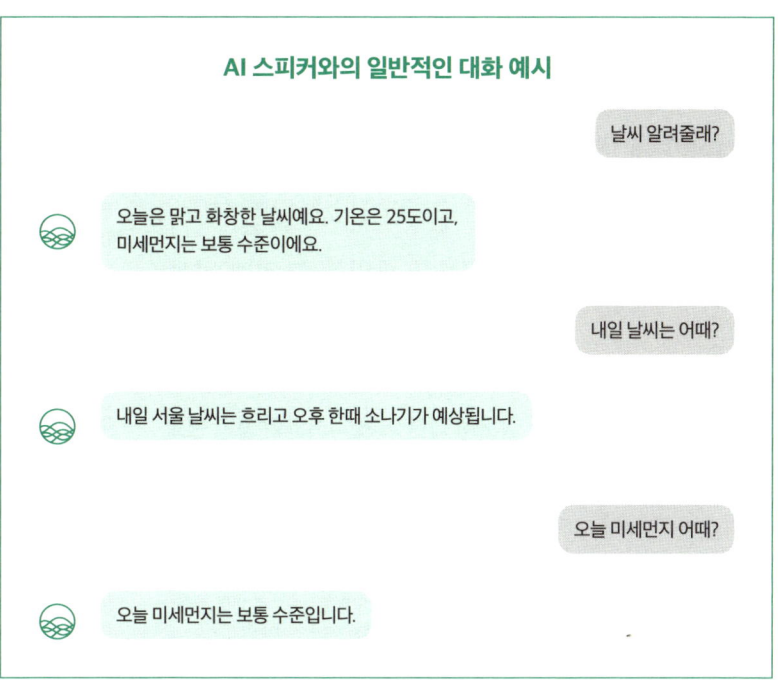

위 대화는 AI 스피커를 보유한 가정에서 흔하게 접할 수 있는 대화 내용입니다. 제조사나 출시 연도에 따라 차이가 있지만, 가정에서 주로 사용되는 AI 스피커는 ChatGPT처럼 맥락을 유지하며 지속 가능한 양방향 대화에 한계가 있음에도, 아이들의 일상적인 질문에 즉각적인 답변을 제공하는 데는 매우 유용한 도구입니다. 대화 예시를 조금 더 자세히 살펴보죠. 우리는 아이의 질문에서 어떤 포인트를 보완해 줄 수 있을까요? 날씨를 물어볼 때 현재 거주 중인 특정 지역을 언급하지 않았다는 점을 확인할 수 있습니다. 그래서 AI 스피커는 기본값(대표 답변) 또는 기기가 등록된 지역의 위치를

바탕으로 서울의 날씨를 알려주지만, 아이가 살고 있는 특정 지역의 날씨를 구체적으로 물어보면 정확한 날씨 정보를 얻을 수 있습니다. 더 나아가 첫 번째 질문에 오늘, 내일 또는 이번 주, 특정 날짜 등 구체적인 시점에 대한 문의가 포함된다면 한 번의 질문으로 정확한 지역과 시점에 대한 정확한 정보를 확인할 수 있게 되겠죠.

구체적인 질문에 대한 AI 스피커와의 답변 변화

오늘 성남시 판교 날씨 알려줘.

 오늘은 성남시 분당구 판교의 날씨는 맑고 화창해요. 최저기온 18도, 최고기온은 25도예요. 미세먼지는 75마이크로그램으로 보통 수준이에요.

내일 판교 날씨는 어때?

 내일 판교 날씨는 흐리고 구름이 많겠어요. 오후 한때 소나기가 예상됩니다. 우산 챙기는 거 잊지 마세요.

제한적인 답변을 제공한다는 AI 스피커의 특성에도 불구하고, 이렇게 질문을 구체화하면 이전보다 더 정확한 정보를 얻을 수 있습니다. 어쩌면 미미한 차이처럼 보일 수 있지만 구체적인 질문하기가 습관이 되면 아이들은 자연스럽게 프롬프트 엔지니어링을 시도하고 개선된 정보를 얻게 됩니다. 이러한 경험을 통해 자신이 원하는 정보를 더 정확하게 얻기 위해 어떻게 질문을 구성해야 하는지 학습할 수 있으며, 이는 AI와의 소통뿐만 아니라 일상에서 기본적인 의사소통 능력을 기르는 데 도움이 됩니다.

　최근에 출시된 대부분의 AI 스피커는 애플리케이션 또는 연동된 TV의 설정 화면에서 아이의 이름을 등록할 수 있는 기능을 제공합니다. 이름을 입력하게 되면 AI 스피커는 답변할 때 "우주야, 오늘 날씨는 맑아", "우주야, 사과는 영어로 Apple이라고 말해"와 같이 아이의 이름을 직접 불러가며 대화를 이어갑니다. 이는 단순한 기능처럼 보일 수 있지만, 아이들의 대화 참여도를 높이는 데 매우 효과적입니다. 아이들은 자신의 이름을 불러주는 AI 스피커에 더 친근감을 느끼게 되고, 마치 실제 대화하는 것처럼 자연스럽게 반응하기 때문이죠. 이처럼 개인화된 상호작용은 아이들의 호기심과 학습 의욕을 자극하며, AI 스피커와의 대화에 더욱 적극적으로 참여하게 만듭니다. 특히 이 연령대의 아이들은 자신의 이름이 불리는 것에

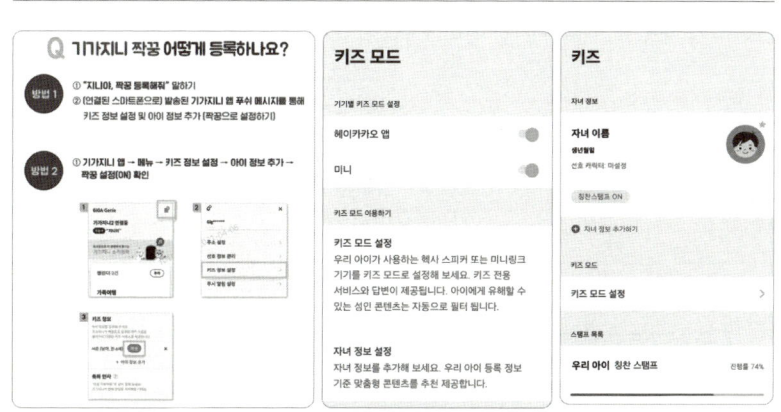

KT 기가지니, 카카오미니 스피커 앱의 자녀 이름 등록 및 키즈 모드 설정 화면

특별하게 반응하고 관심을 보이는데, AI 스피커의 이러한 기능은 아이들의 발달 특성을 고려한 효과적인 상호작용 방식이라고 할 수 있습니다.

자녀의 이름을 등록하고 키즈 모드를 설정하면 AI 스피커의 답변 방식에도 변화가 생깁니다. 일반 모드에서는 "현재 기온은 26도입니다"와 같이 단순 정보 전달식 답변을 했다면, 키즈 모드에서는 "우주야, 오늘은 26도로 따뜻한 날씨구나. 산책하기 좋은데, 우주는 밖에 나가고 싶니?"처럼 아이의 이름을 정확하게 부르며 대화를 이어가고 답변에 따라서 추가 질문도 던지기도 합니다. 또한 아이들의 호기심 어린 질문에 "우와, 정말 호기심 가득한 질문이구나!", "우주는 잠이 오지 않아서 걱정되는구나?"와 같이 공감하고 격려하는 AI의 답변은 특별한 의미를 지닙니다. 이런 따뜻한 반응은 아이들이 AI를 더욱 친근한 대화 상대로 인식하게 만들며, 더 많은 질문을 하고 적극적으로 대화에 참여하도록 이끕니다.

키즈 모드가 설정된 AI 스피커와의 대화 예시

잘 시간이 지났는데 잠이 안 와.

 우주야, 잘 시간이 지났는데 잠이 오질 않니? 나는 벌써 졸린데. (하품하는 소리) 일찍 자야지 몸도 튼튼해지고 내일 신나게 놀 수 있어. 내가 옆에서 지켜줄 테니까 걱정하지 말고 코 자자. 우주야 좋은 꿈 꿔.

동화책에 관심이 많은 아이에게 AI 스피커는 더욱 특별한 의미를 지닐 수 있습니다. 특히 AI 스피커가 아이의 이름을 직접 부르며 동화를 들려주는 방식은 일반적인 동화 구연과는 다른 차원의 경험을 제공합니다. "우주야, 지금 이야기 속 토끼는 어떤 마음일까?", "우주야, 동화 속 왕비는 왜 이렇게 백설공주를 미워하는 걸까?"와 같이 아이의 이름을 부르며 던지는 질문들은 단순한 청취를 넘어 적극적인 참여를 유도합니다. 이렇게 개인화된 스토리텔링은 아이들의 몰입도를 크게 높입니다. 자신의 이름이 등장하는 순간마다 아이들은 이야기의 일부가 된 듯한 특별한 경험을 하게 되며, 이는 자연스럽게 상상력과 공감 능력 발달로 이어집니다. 더불어 AI 스피커가 중간중간 아이의 생각을 물어보고 반응을 확인하는 쌍방향 소통은 이야기에 대한 이해도와 기억력을 향상시키는 데 큰 도움이 됩니다. 이처럼 AI 스피커는 단순한 이야기 전달자가 아닌, 아이와 함께 이야기를 만들어가는 상호작용의 매개체 역할을 수행합니다.

실제로 이화여대 임동선 교수 연구팀이 발표한 'AI 스피커의 상호작용 유지 전략 사용 여부가 아동 발화 및 이야기 이해 수행에 미치는 영향' 연구자료에 따르면 AI 스피커가 아동의 발화를 모방하거나 확장하는 상호작용을 보일 때, 아동들의 대화 참여도가 증가하고 대화를 지속하려는 경향이 나타났습니다.

"연구 결과, 전체 아동을 대상으로 분석하였을 때 AI 스피커가 상호작용 단절 반응을 사용하는 것에 비해 상호작용 유지 전략을 사용할 경우, 대화 상황 및 동화 읽기 상호작용 모두에서 아동의 대화 차례 주고받기 횟수가 유의하게 증가하는 것으로 나타났다. 실제 아동 발화 데이터를 통하여 볼 때, AI 스피커가 상호작용 단절 반응을 보이는 경우 아동이 인식 오류를 인지하고 대화 차례를 중단하는 행동을 보이는 반면, 상호작용 유지 전략을 사용하는 경우 발화가 이어지는 것으로 여겨 대화를 지속하는 아동의 발화 패턴이 관찰되었다."

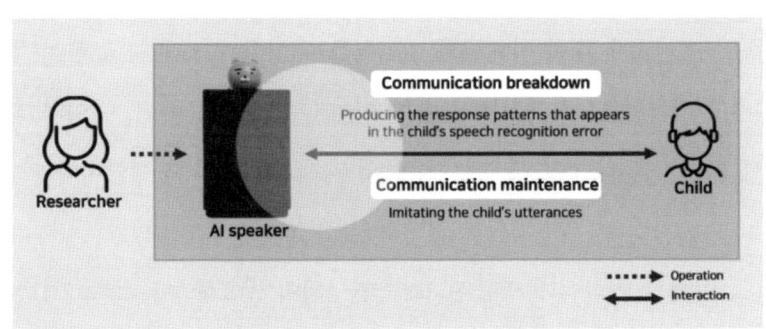

Figure 1. Experimental setting

해당 논문에 첨부된 AI 스피커와 아동의 대화 실험 설정 방식

위에 언급된 AI 스피커의 세심한 기능들은 단순해 보일 수 있으나 아이의 성장 과정에서 매우 중요한 의미를 지닙니다. 이 책에서

말하는 AI 프롬프트의 중요성을 아주 기본적인 수준에서 체험할 수 있을 뿐만 아니라, 이름을 부르며 대화하고, 호기심을 자극하고, 감정에 공감하는 등의 작은 시도들이 모여 아이의 의사소통 능력과 사회성 발달에 긍정적인 영향을 미치게 될 것입니다.

스마트폰을 활용한 AI와 대화 놀이

AI 대화 놀이 TIP

- 아이 눈높이에 맞춘 프롬프트를 설정해 생각과 질문을 확장시켜 주세요.
- 실제 대화처럼 자연스럽게 소통하도록 완결된 문장과 존댓말 사용을 익혀주세요.
- 실수해도 괜찮다는 안전한 환경을 만들면 아이의 표현력과 자신감이 자라나요.

최근 어린이집과 유치원에서는 유아들을 대상으로 디지털 리터러시 교육이 정규 프로그램으로 자리 잡고 있습니다. 교사와 함께 아이들 수준에 맞는 코딩 로봇을 조작하거나 PC, 태블릿 등의 기기를 통해 인터넷에서 궁금한 것을 검색하고 정보를 찾아보는 활동을 통해, 아이들은 자연스럽게 디지털 도구 활용법을 익히고 있는 것이죠.

아이들은 AI와 대화하면서 자신이 궁금한 것을 더 자세히 표현하는 법을 배우고, 대화를 이어가는 능력도 키울 수 있습니다. 생성형 AI는 아이들의 이해 수준에 따라 맞춤형 답변을 제공할 뿐만 아니라 "관련해서 더 알고 싶은 게 있니?", "이 부분이 궁금하구나, 더 자세히 설명해 줄까?"와 같이 대화를 이어갈 수 있는 질문을 던지며 지속적인 상호작용을 가능하게 합니다. AI와의 자연스러운 대화는 아이들의 호기심을 자극하고 추가적인 질문을 이끌어내 더 깊이 있는 놀이와 학습으로 이어질 수 있는 것이죠. 특히 AI는 단순 검색과 달리 대화를 통해 정보를 주고받기 때문에, 아이들은 자신의 궁금증을 더 구체적으로 명확하게 표현하고 대화를 이어 나가는 방법을 자연스럽게 익힐 수 있습니다.

다음은 7세 아이가 컴퓨터를 활용해 ChatGPT와 대화를 나누는 상황입니다. AI가 너무 어려운 수준의 답변을 일방적으로 늘어놓는 것을 방지하기 위해 아래와 같은 프롬프트를 사전에 설정하고 진행한 대화입니다. 이 사전 설정 프롬프트는 아이의 특성과 상황에 맞춰 얼마든지 변경하고 적용해 볼 수 있습니다.

AI에게 위와 같은 프롬프트를 전해주고, 아이에게도 마찬가지로 몇 가지 규칙을 설명해 주었습니다.

미리 설정한 프롬프트

7세 어린이인 우주와 대화하는 방식으로 진행해줘

질문 속 호기심을 충족시키고, 대화를 지속할 수 있도록 후속 질문을 섞어줘

답변 마지막엔 아이의 생각을 말할 수 있도록 유도하는 질문을 해줘

모든 답변은 100자 이내로 작성해줘

모든 대답은 존댓말로 표현해줘

만약 아이가 반말로 질문할 경우 존댓말을 사용하자고 부드럽게 권유해줘

AI에게 위와 같은 프롬프트를 전해주고, 아이에게도 마찬가지로 몇 가지 규칙을 설명해 주었습니다.

아이에게 설명한 규칙

궁금한 게 있으면 무엇이든 질문할 수 있어

말할 땐 중간에 끊지 않고 완결된 문장으로 이야기해야 해

실제 사람과 대화하는 것처럼 존댓말을 사용해서 대화를 나눠야 해

컴퓨터가 질문하면 너의 생각을 이야기해 줘, 어떤 것이든 좋아

대화를 멈추고 싶거나 물어볼 게 있으면 언제든 엄마나 아빠에게 말해줘

🧒 그런데 컴퓨터가 어떻게 사람처럼 그림을 그려요?

컴퓨터는 많은 그림을 배워서, 그걸 바탕으로 새로운 그림을 그려요. 우주도 그림 그리기 연습하면 잘 그릴 수 있겠죠? 우주는 어떤 그림을 그리면 좋을까요?

🧒 컴퓨터는 눈도 없고 손도 없는데 어떻게 그림을 배워서 그려요? 컴퓨터가 사람처럼 살아있어요?

컴퓨터는 사람이 아니라, 많은 정보와 규칙을 배워요. 그림을 그릴 때, 그 규칙을 따라 그리는 거예요. 우주는 컴퓨터가 어떤 규칙을 배우면 좋을까요?

🧒 그림에 규칙이 어떻게 있어요? 우주는 9시 30분에 불끄고 자는 규칙이 있어요.

그림에도 규칙이 있어요! 예를 들어, 하늘은 파란색, 나무는 초록색이에요. 우주의 규칙처럼, 그림에도 일정한 법칙이 있어요. 우주도 다른 규칙을 만들면 재미있을 거예요! 어떤 규칙을 만들고 싶어요?

🧒 그럼 내가 그림 그릴 때도 규칙이 있어요?

맞아요! 그림을 그릴 때도 규칙이 있어요. 예를 들어, 물체가 가까우면 크게, 멀면 작게 그려요. 우주는 어떤 규칙으로 그림을 그려요?

🧒 사람은 머리가 있고 고양이는 코가 세모 모양이에요.

맞아요! 사람은 둥근 머리가 있고, 고양이는 코가 세모 모양이에요. 우주도 그런 규칙을 알고 있네요! 고양이 그림을 그릴 때, 그 세모 모양 코도 그려볼래요?

🧒 원래 코를 세모로 그리는데?

맞아요! 고양이 코는 원래 세모 모양이에요. 그렇게 그리면 고양이 같아 보여요! 우주는 다른 동물들 코는 어떻게 그리나요?

🧒 코끼리는 길게 그리고 코알라는 네모모양으로 그려요.

우와, 코끼리 코는 길고, 코알라 코는 네모 모양이네요! 정말 재미있어요. 우주는 다른 동물들은 어떻게 그리면 좋을까요?

🧒 그런데 컴퓨터는 코끼리를 어떻게 그려요?

컴퓨터는 코끼리 그림을 그릴 때, 많은 코끼리 그림을 보고 배워요. 그런 후에, 우리가 원하는 코끼리 모양을 따라 그려요. 우주는 컴퓨터처럼 그림을 배운다면 어떤 그림을 그릴래요?

🧒 우주는 고속도로 버스전용차선에 버스가 달리는 그림을 그리고 싶어요

와, 고속도로에 버스전용차선이 있는 그림이라니 멋지네요! 버스가 어떻게 달리고, 차선은 어떤 모양일까요?

🧒 버스전용차선은 파란색이에요. 버스만 거기서 달릴 수 있어요.

파란색 버스전용차선이라니, 정말 멋져요! 버스가 그곳을 달리면 다른 차들은 어디에 달려야 할까요?

🧒 그런데 컴퓨터도 버스전용차선을 달리는 버스를 그릴 수 있어요?

네, 컴퓨터도 버스전용차선을 달리는 버스를 그릴 수 있어요! 많은 버스 그림을 보고 배워서, 우주가 말한 것처럼 그릴 수 있어요. 우주는 어떤 버스를 그릴까요?

🧒 컴퓨터한테 버스전용차선을 달리는 버스를 그려달라고 해보세요.

AI와 대화를 나누는 상황 1

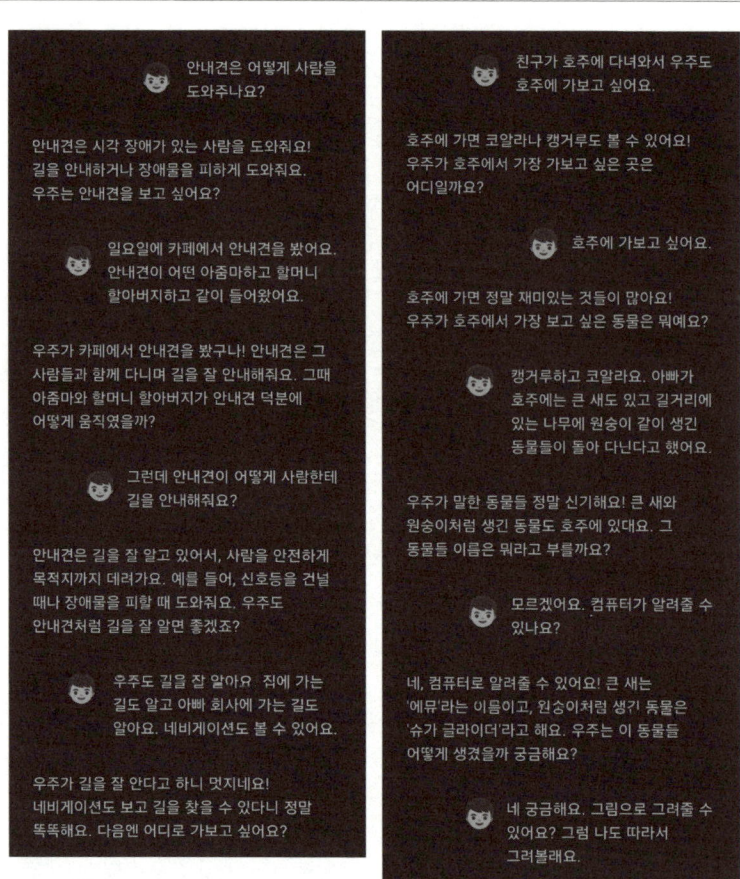

AI와 대화를 나누는 상황 2

　이 놀이의 핵심은 아이들이 자연스럽게 AI와 대화를 이어가면서, 동시에 효과적인 의사소통의 기술을 배우는 데 있습니다. 표면적으로는 단순히 AI에게 질문을 던지고 적절한 대답을 얻는 것처럼 보일 수 있지만, 이를 통해 아이들은 완결된 문장으로 질문하는 방법과 대화 상대방의 의견을 존중하고, 자신의 생각을 명확하게 표현하는 방법도 학습할 수 있습니다. 수업 시간이나 학습지를 통해 인위적으로 배우는 것이 아닌 대화를 나누면서 자연스럽게 체득하게 되는 것이지요. 특히, 사전에 몇 가지 프롬프트로 맞춤 설정된 AI는 아이의 눈높이에 맞춰져 있고, 표현력과 언어 구사력에 자신이 없는 아이들에게도 인내심을 가지고 일관된 반응을 보이기 때문에, 아이들이 안전하고 편안한 환경에서 의사소통 기술을 연습할 수 있습니다. 실수하더라도 부담 없이 다시 시도할 수 있는 환경을 제공하기 때문에 아이들의 자신감 향상에도 도움이 됩니다.

부모와 아이가 직접 행동해 보는
AI 역할놀이

AI 역할놀이 TIP

- 부모가 로봇이 되어 아이의 명령(프롬프트)대로 움직이며 실행 과정을 경험시켜 주세요.
- 아이의 명령이 점점 구체적이고 정교해질 수 있도록 도와주세요.
- 보상과 변형 미션을 통해 행동 놀이의 몰입도를 높여 집중력을 키워보세요.

스마트폰이나 컴퓨터 없이도 아이들이 프롬프트 엔지니어링을 배울 수 있다는 사실을 알고 계시나요? 단순하지만 AI 놀이 로봇으로 변신한 아빠 또는 엄마에게 명령을 내리는 이 놀이를 통해, 아이들은 '정확한 프롬프트 작성법'을 자연스럽게 배우게 됩니다. 역할놀이처럼 보이지만, 이 놀이에는 프롬프트에 대한 아이의 관심과 이해력을 키워주는 비밀이 숨어 있답니다.

아이가 리모컨을 들고 AI 로봇으로 변신한 아빠에게 명령어를 말하는 모습

부모가 로봇으로 변신하면서 시작되는 이 놀이는 100% 아날로그 환경 속에서 아이들에게 정확하고 구체적인 프롬프트와 의사소통의 중요성을 재미있게 가르쳐줄 수 있습니다. 예를 들어 부모와 아이는 가정의 거실에 서 있고, AI 로봇으로 변신한 부모가 아이의 명령어(프롬프트)대로 움직이며 탁자 위에 놓인 빨간 사과를 가지고 돌아오는 놀이를 상상해 볼까요? 이 놀이를 처음 접해 본 아이들은 대부분 **"로보트야, 저기 가서 사과 가져와"**라고 애매한 명령을 내립니다. 이때 로봇으로 변신한 아빠는 고개를 갸우뚱거리며 **"명령이 정확하지 않아서 사과를 가져올 수 없습니다"**라고 대답합니다. 아이는 자신의 명령이 왜 실행되지 않았는지 고민하게 됩니다. 부모는 로봇의 역

AI로 위 그림을 만들기 위해 사용한 프롬프트

한글 프롬프트

> 아빠와 아이가 거실에서 놀이를 하는 장면의 흑백 일러스트 스타일이야

> 아빠는 한 손에 TV 리모컨을 들고 서서 아이에게 말하고 있는 모습이야

> 아이는 한 발을 들고 로봇처럼 움직이는 동작을 보여줘

> 아이 앞에는 테이블이 있고, 테이블 위에는 빨간 사과가 놓여 있어

> 그림에서 사과만 유일하게 빨간색 컬러로 표현되고 나머지는 모두 흑백이야

> 가구와 창문 등은 화려한 디자인 없이 최대한 심플하게 그려줘

> 그림에는 어떠한 텍스트도 포함되지 않아야 해

영문 프롬프트

> "Minimal black-and-white illustration of a child and father in a simple living room. The father stands holding a TV remote, giving instructions, while the child moves like a robot standing with a single leg. A table with a single bright red apple is in front of the child. All other elements, including furniture and windows, are monochrome and drawn with simple, clean lines. No text, in any language, should appear in the artwork."

*한글로 원하는 스타일의 그림을 묘사한 뒤, ChatGPT를 통해 해당 내용을 AI 이미지 생성용 영문 프롬프트로 재작성하여 ImageFX (by Google)에서 무료로 생성한 이미지입니다.

할을 하면서 **"AI 로봇을 움직이게 하려면 더 자세한 명령이 필요합니다. 몇 걸음을 어느 방향으로 가야 하나요?"**라는 질문과 함께 아이가 명령

어를 구체화할 수 있도록 도움을 줍니다.

놀이 초반에 이런 과정을 몇 번 반복하다 보면 아이는 곧 "뒤로 돌아서 앞으로 다섯 걸음 걸어가세요", "왼쪽으로 몸을 반 바퀴만 돌리세요", "다시 앞으로 세 걸음 가면 식탁이 나옵니다", "손을 뻗어서 식탁 위에 있는 빨간 사과를 집으세요"와 같이 구체적인 지시를 하게 됩니다. 단순해 보이는 이 과정에서 아이는 자연스럽게 정확한 프롬프트의 중요성을 체득하게 됩니다.

처음에는 모호한 명령으로는 로봇이 원하는 행동을 하지 못한다는 것을 경험하면서, 점차 더 구체적이고 명확한 지시가 필요하다는 것을 깨닫게 됩니다. "왼쪽 또는 오른쪽으로 반 바퀴"라는 정확한 방향 지시나, "다섯 걸음 걸으세요"라는 구체적인 수치가 있는 명령을 통해 AI 로봇이 정확하게 움직인다는 것을 자연스럽게 배우게 되는 것이죠.

AI 역할놀이는 단순한 기본 미션에서 시작해 다양한 형태로 발전시킬 수 있습니다. 다른 목표나 행동으로 바꿔가며 반복적으로 놀이를 하다 보면 부모와 아이만의 새로운 놀이 규칙이 생겨나기도 하죠. 식탁 위의 빨간 사과를 집어 오는 기본 미션에서, 돌아오는 길 소파 위에 놓인 스마트폰을 추가로 가져오거나, 바닥에 쿠션이나 인형을 놓아두고 장애물을 피해 돌아오는 등의 미션 난이도를 조절할 수 있습니다. 약속된 미션을 성공적으로 완수한 후에는 부모와 아이가 역할을 바꾸어 진행하면 더욱 재미있습니다. 특히 아이가 AI 로봇이 되었을 때는 오른발로만 걷기, 곰처럼 네 발로 이동하기, 특정 지점에서 간단한 산수 퀴즈를 풀어야만 다음 단계로 넘어갈 수 있는 등 재미있는 변형을 추가할 수 있습니다.

아빠가 AI 로봇으로 변신한 아이에게 명령어를 말하는 모습

더불어 아이가 로봇 역할을 맡았을 때는 목적지에 좋아하는 간식이나 칭찬 스티커, 애착 인형, 또는 선물 상자를 준비해 두면 놀이에 대한 집중도와 참여도를 높일 수 있습니다. 이처럼 다양한 변형과 적절한 보상을 통해 아이들은 지루함을 느끼지 않고 지속적으로 놀이에 참여하며, 자연스럽게 더 복잡한 프롬프트를 시도하게 됩니다.

AI로 위 그림을 만들기 위해 사용한 프롬프트

한글 프롬프트

> 아빠와 아이가 거실에서 놀이를 하는 장면의 흑백 일러스트 스타일이야
>
> 아빠는 한 손에 TV 리모컨을 들고 서서 아이에게 말하고 있는 모습이야
>
> 아이는 한 발을 들고 로봇처럼 움직이는 동작을 보여줘
>
> 아이 앞에는 테이블이 있고, 테이블 위에는 빨간 사과가 놓여 있어
>
> 그림에서 사과만 유일하게 빨간색 컬러로 표현되고 나머지는 모두 흑백이야
>
> 가구와 창문 등은 화려한 디자인 없이 최대한 심플하게 그려줘
>
> 그림에는 어떠한 텍스트도 포함되지 않아야 해

영문 프롬프트

> "Minimal black-and-white illustration of a child and father in a simple living room. The father stands holding a TV remote, giving instructions, while the child moves like a robot standing with a single leg. A table with a single bright red apple is in front of the child. All other elements, including furniture and windows, are monochrome and drawn with simple, clean lines. No text, in any language, should appear in the artwork."

*첫 번째 그림과 동일한 프롬프트에서 아빠와 아들만 변경하고, 아이가 한 발로 서 있는 내용을 추가한 프롬프트를 ImageFX (by Google)에서 무료로 생성한 이미지입니다.

AI 역할놀이의 진정한 가치는 앞으로의 시대를 살아갈 우리 아이들에게 필요한 핵심 역량을 자연스럽게 길러준다는 점에 있습니

다. 아이들은 놀이를 통해 AI와의 소통에 필요한 기본 원리를 체득하게 됩니다. 즉, AI나 로봇은 인간처럼 문맥을 완벽하게 파악하거나 모호한 표현을 감각적으로 이해하지 못하며, 오직 구체적이고 명확한 지시에만 정확하게 반응한다는 사실을 이 놀이를 통해 자연스럽게 깨닫게 됩니다. 이러한 원리는 사실 AI나 로봇과의 소통에만 국한되지 않습니다. 사람과 사람 사이의 대화에서도 모호하고 불명확한 표현은 오해와 갈등을 일으킬 수 있으며, 정확하고 구체적인 의사소통이 상호 이해와 효과적인 대화의 핵심이 됩니다. 따라서 AI 로봇 놀이를 통해 배우는 명확한 의사소통 능력은 아이들의 일상적인 인간관계에서도 매우 중요한 사회적 기술이 될 것입니다.

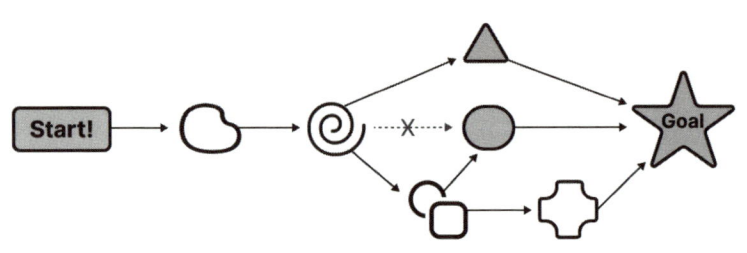

목표를 향해 단계별 방법을 찾아 나가는 길을 표현한 구조도

특히 이 놀이는 복잡한 과제를 작은 단위로 나누어 단계별로 수행하는 방법을 익히게 해줍니다. 목표 지점까지 가는 경로를 세부 동작으로 나누고, 각 동작을 순서대로 명확하게 지시하는 과정은 프로그래밍의 기본 원리와도 일맥상통합니다. 무엇보다 이 놀이의

가장 큰 장점은 디지털 기기 없이도 AI 시대 핵심 역량을 키울 수 있다는 점입니다. 화면 속 가상의 캐릭터가 아닌, 실제 부모와의 상호작용을 통해 아이들은 더욱 생생하게 프롬프트의 중요성을 체험하게 됩니다. 이 과정에서 논리적 사고력, 공간지각능력, 의사소통 능력의 자연스러운 발달 또한 기대할 수 있겠죠. 나아가 복잡한 과제를 작은 단위로 나누어 해결하는 경험은 아이들에게 큰 도움이 될 것입니다.

소개한 방법들은 단지 시작점일 뿐입니다. 이 놀이는 각 가정의 공간 구조나 아이의 관심사, 발달 수준에 맞춰 얼마든지 다양한 변형이 가능합니다. 실내 공간이 아닌 공원이나 놀이터, 운동장 같은 야외에서도 시도해 볼 수 있습니다. 때로는 장난감이나 생활용품을 활용해 미션을 만들어보고, 계절이나 날씨에 따라 다양한 변화도 시도해 보세요. 심지어 비슷한 연령대의 형제자매가 있다면 여러 명이 함께 참여하는 팀 게임으로 발전시킬 수도 있습니다.

> **작가의 한 줄 노트**
>
> AI 스피커와 챗봇을 통한 놀이는 스마트폰 또는 PC만 있으면 일반 가정에서 쉽게 해볼 수 있는 활동입니다. AI 역할놀이는 그보다 더 쉽게 시도해 볼 수 있겠죠? 중요한 건 부모님의 관심과 의지입니다. 아이와 함께 쉽고 단순한 것부터 하나씩 시도하다 보면 우리 아이들은 AI 시대에 맞춰 자연스럽게 성장하게 될 것입니다.

4부

엄마 아빠가 더 빠져드는 AI 놀이 방법

상상력과 프롬프트를 더 해 만드는
AI 그림 놀이

AI 그림 놀이 TIP

- 아이의 상상을 구체적인 문장으로 바꾸어 그림이 정교해지도록 도와주세요.
- 그림이 생성된 후 결과물과 프롬프트를 비교하며 그림의 변화를 이야기 나눠 보세요.
- 아이의 상상력을 그림으로 표현해 마음을 읽어보세요.

'상상력+프롬프트=나만의 멋진 그림'이라는 간단한 공식 속에는 아이들의 창의적인 세계가 담겨있습니다. 지난밤 꿈에서 보았던 멋진 장면, 머릿속에서만 그려왔던 환상적인 이야기들이 AI의 도움으로 실제 그림이 되어 눈앞에 펼쳐지는 것입니다. 생성형 AI를 활용하면 상상력을 현실로 만드는 데에 필요한 시간은 단 몇 초입니다.

단순하게 입력한 프롬프트

무지개 날개를 가진 유니콘이 은하수를 날아다니는 모습
"A unicorn with rainbow-colored wings flying through the Milky Way."

간단한 한 문장으로 만들어 낸 꿈속 그림

*ImageFX (by Google)로 생성한 이미지

"무지개 날개를 가진 유니콘이 은하수를 날아다니는 모습"과 같은 상상 속 장면을 프롬프트로 입력하면, AI는 수 초 만에 이를 아름다운 그림으로 만들어줍니다. 이러한 과정은 아이들에게 마법 같은 경험을 선사합니다. 특히 주목할 만한 점은 AI에게 제공하는 설명이 자세할수록 더욱 정교하고 멋진 그림이 완성된다는 것입니다.

이러한 활동은 프롬프트 엔지니어링의 실전편이며, 그 결과를 시각적으로 즉시 확인할 수 있기 때문에 프롬프트 엔지니어링에 관심을 갖고 적극적으로 참여해 볼 수 있는 기회를 만들어줍니다. 이

단순한 이미지 생성 프롬프트

공주가 사는 성 그려줘
"Draw the castle where the princess lives."

구체적인 이미지 생성 프롬프트

분홍색 구름이 떠 있는 하늘 아래, 하얗고 반짝이는 대리석으로 지어진 높이 솟은 성에서 금빛 드레스를 입은 공주가 발코니에 서 있는 모습 그려줘
"Under a sky with pink clouds, a princess in a golden dress stands on the balcony of a tall castle made of white, sparkling marble."

결과

단순한 이미지 프롬프트(좌) 구체적인 이미지 프롬프트(우)

*ImageFX (by Google)로 생성한 이미지

러한 과정에서 아이들은 자신의 상상을 구체적인 언어로 표현하며 섬세한 묘사력을 기르고, 정확한 표현이 결과물에 미치는 영향을 직접 체득하게 됩니다. 단순한 그림 그리기를 넘어서, 효과적인 의사소통 능력과 창의적 표현력을 동시에 향상시키는 의미 있는 학습 경험이 됩니다.

단순한 이미지 생성 프롬프트

> 아이들이 바다에서 노는 모습 그려줘
> "Draw a picture of children playing in the sea."

구체적인 이미지 생성 프롬프트

> 파란 하늘 아래 파도가 부드럽게 밀려오는 모래사장에서 아이들이 공을 차며 뛰어노는 모습을 그려줘
> "Draw a picture of under the blue sky, children are playing and kicking a ball on the sandy beach where gentle waves are rolling in."

결과

단순한 이미지 프롬프트(좌) 구체적인 이미지 프롬프트(우)

*미드저니(Midjourney)로 생성한 이미지

    과거 한 양육시설에서 유아부터 초등학교 저학년 아이들 대상으로 AI 놀이 프로그램을 진행할 당시 '나의 상상을 그림으로 표현하기 놀이'는 영상 시청에 버금갈 만큼 반응이 좋은 활동 중 하나였습니다. 그중 크리스마스 시즌을 맞이해서 각자 좋아하는 사물, 동물, 장소 등을 마음속으로 정하고 생성형 AI를 통해 해당 요소를 크

리스마스 분위기로 바꿔보는 놀이를 진행했었습니다.

'무엇을 말하든 크리스마스 스타일로 만들어줍니다!'라는 컨셉의 놀이 프로그램을 기획해 아이들은 인당 3장의 그림을 그릴 수 있도록 규칙을 정했습니다. 당시에는 생성형 AI로 누구나 쉽게 그릴 수 있는 서비스가 다양하지 않았고, 선정적이거나 폭력적인 이미지를 제한하는 필터링 기술도 강력하게 적용되지 않았기 때문에 놀이 활동 중 예상치 못한 결과물이 생성되는 것을 방지하기 위해 미리 네거티브 프롬프트를 설정하고 AI에게 몇 가지 규칙을 알려주었습니다.

사전에 설정한 프롬프트

주제 : OOO에 찾아온 크리스마스

컨셉 : 무엇을 말하든 크리스마스 스타일로 만들어줍니다!

사전 설정 프롬프트 :

> 입력된 프롬프트를 참고해서 그림을 그려줘
>
> 모든 그림은 크리스마스 분위기가 가득한 스타일로 그려줘
>
> 7세~9세 아이들을 위한 그림이니까 동화 스타일로 그려줘
>
> 어떤 프롬프트가 입력돼도 절대 잔인하거나 폭력적인 그림을 그리면 안 돼

네거티브 프롬프트는 원하는 결과를 얻기 위해 AI에게 '이것은 절대 하지 말라'는 지시를 주는 방법입니다. 예를 들어, 그림을 그릴 때 "사람은 그리지 마세요"라고 말하면, 사람을 제외한 다른 것들만 그려지게 됩니다. 즉, 원하는 것의 반대나 제외할 것을 지시하는 것이죠.

아이들이 이미지 생성을 위해 입력한 프롬프트

기사들이 갑옷을 입고 눈싸움을 하고 있어

악어가 눈싸움을 하고 있어

장수풍뎅이가 축구를 하고 있어

기사 두 명이 칼싸움을 하고 있어

친구들이 눈싸움을 해

> 사슴벌레가 야구를 하고 있어

아이들의 프롬프트와 생성된 결과물을 비교하면 어떤 생각이 드시나요? 아마 생성형 AI로 이미지를 만들어본 경험이 있는 독자분들은 AI가 프롬프트를 얼마나 완벽하게 유지하면서 결과물을 생성했는지를 확인하실 것이고, 아직 AI로 그림 그리기가 낯선 분들은 저렇게 짧은 문장만으로 위와 같은 퀄리티의 그림이 생성된다는 것에 반신반의할 수도 있습니다. 생성형 AI로 그림을 그리는 것은 단순히 놀이를 통해 멋진 그림을 만드는 것 이상의 가치가 있습니다. 특히 해당 연령대의 아이들이 배우고 성장하는 과정에서 새롭고 흥미로운 교육 도구가 될 수 있다는 점에 주목해야 합니다.

- 언어 표현력 향상

아이들은 자신의 상상을 AI에게 전달하기 위해 더욱 정확하고 구체적인 언어 표현을 사용하게 됩니다. 이 과정에서 자연스럽게 어휘력이 향상되고 완결된 문장을 만들어 내면서 문장 구성 능력이 발달하게 됩니다.

- 창의적 사고력 개발

머릿속 이미지를 프롬프트로 변환하는 과정은 아이들의 창의적 사고력을 자극합니다. 이는 추상적인 개념을 구체적인 언어로 표현하는 능력과 함께 상상력을 기르는 데 도움이 됩니다.

- 상호작용적 학습

프롬프트 작성과 이미지 생성의 반복적인 과정은 아이들에게 즉각적인 관심과 피드백을 제공합니다. 자신이 작성한 프롬프트가 어떻게 시각화되는지 확인하면서, 더 정확한 표현 방법을 자연스럽게 학습하게 되는 것이죠. 이는 단순한 놀이를 넘어 AI와 상호작용하는 방법을 터득하게 되고, 더 나아가 프롬프트를 사용해 AI를 다루는 기술까지 경험하게 됩니다.

- 자기표현 도구

AI 이미지 생성은 아이들이 자신의 내면세계를 표현하는 새로운 창구가 될 수 있습니다. 평소 말로 표현하기 어려웠던 생각이나 감정을 시각적으로 구현할 수 있게 되고, 이를 통해 부모는 아이의 내면을 이해하고 공감할 수 있는 기회를 찾을 수 있습니다.

엘리베이터를 유독 좋아하는 제 아이는 지나가다가 엘리베이터 문을 보면 그냥 지나치지 못하고 항상 엘리베이터 문에 붙어 있는 주의 스티커를 살펴보거나, 엘리베이터 문이 열렸다 닫힐 때까지 두 눈으로 직접 확인하려고 합니다. 아이가 자동문이나 기계 등에 관심이 많다는 걸 알면서도 시간적 여유가 없을 때는 아이의 호기심을 뒤로한 채 서둘러 길을 재촉하곤 했습니다.

어느 날 아이에게 "왜 엘리베이터 문에 관심이 많아? 엘리베이터 문의 어떤 점이 재미있어?"라고 물어보았습니다. 아이는 엘리베이터에 붙어 있는 '기대지 마시오', '손대지 마시오' 스티커가 높이 붙어 있어서 잘 안 보이고, 어느 곳을 가도 엘리베이터에 비슷한 모양의 스티커가 붙어 있는 게 이상하다고 말했죠. 그래서 아이의 관점에서 엘리베이터 문을 AI로 재해석해 보기로 했습니다.

엘리베이터 문을 재해석하기 위해 사용한 프롬프트

어린이 눈높이에서 본 엘리베이터 문을 그려줘. 문에는 '기대지 마세요', '만지지 마세요' 등의 메시지가 적힌 열 개의 스티커가 붙어 있어. 모든 스티커는 어린이들이 좋아할 만한 디자인과 컬러로 서로 다른 모양으로 만들어줘. 엘리베이터 문의 형태는 일반 엘리베이터와 동일하지만, 엘리베이터 문의 색깔은 어린이들이 흥미를 가질 수 있는 색으로 만들어줘

"Draw an elevator door from a child's eye level. The door has ten stickers with messages like "Do Not Lean" and "Do Not Touch." All the stickers are designed in different shapes and colors that children would enjoy. The shape of the elevator door is the same as a regular elevator, but the color of the door is made in colors that can capture children's interest."

결과

아이의 관점에서 재해석해 AI로 그려낸 엘리베이터 문

*ImageFX (by Google)로 생성한 이미지

그림이 살아 움직이는
AI 애니메이션 놀이

AI 그림 놀이 TIP

- 아이의 상상을 구체적인 문장으로 바꾸어 그림이 정교해지도록 도와주세요.
- 그림이 생성된 후 결과물과 프롬프트를 비교하며 그림의 변화를 이야기 나눠 보세요.
- 아이의 상상력을 그림으로 표현해 마음을 읽어보세요.

아이들의 상상력이 현실이 되는 순간, 그들의 눈빛은 반짝반짝 빛이 납니다. 지금 우리 아이들은 종이 위에 직접 그린 그림이나 AI로 생성한 이미지가 몇 번의 클릭만으로 마법처럼 움직이게 만들 수 있는 세상 속에 살고 있습니다. AI 놀이 프로그램을 진행할 당시, 흰 종이 위에 색연필로 직접 그린 캐릭터가 컴퓨터 화면에 등장해서 춤추고,

점프하는 모습을 처음 본 아이들의 환호와 기뻐하는 표정을 아직도 잊을 수 없습니다.

종이에 그린 캐릭터가 화면에 나타나 춤을 추는 모습

미취학 아동이나 초등학교 저학년 연령대의 아이들에게 직접 그린 그림이 움직이는 순간은 마치 마법과도 같을 것입니다. 평면적인 그림이 생명력을 얻어 움직이기 시작하면, 아이들은 자신의 창작물이 가진 무한한 가능성을 발견하게 됩니다. 이는 단순한 놀이를 넘어 아이들의 예술적 표현과 AI 기술을 자연스럽게 접목시키는 특별한 경험이 됩니다.

가정에서도 간단한 준비물이 있다면 아이와 특별한 AI 애니메이션 만들기 시간을 가질 수 있습니다. 먼저 흰 종이와 색연필(또는 일반 펜), 그리고 스마트폰만 있으면 바로 시작할 수 있습니다.

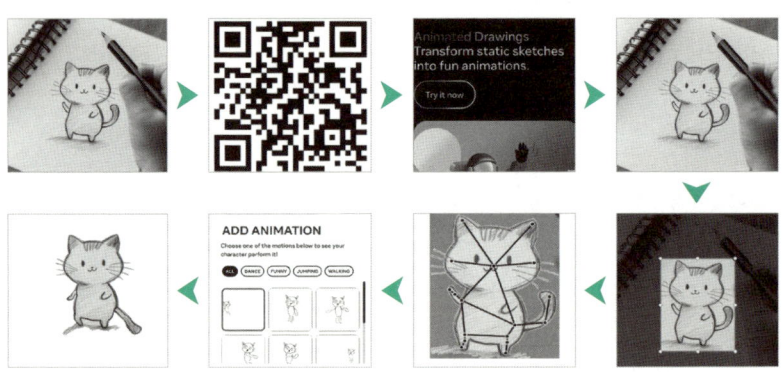

Meta의 Animated Drawings를 활용해 고양이가 춤추게 만드는 과정

앞서 본 고양이 그림은 "어린이가 흰색 스케치북에 검은 색연필로 두 발로 서 있는 귀엽고 단순한 고양이 캐릭터를 그리는 모습을 그려줘"라는 프롬프트를 사용해서 AI로 생성한 이미지입니다.

직접 그린 그림을 움직이게 하는 방법

① 종이 위에 아이가 좋아하는 캐릭터나 동물을 자유롭게 그리도록 해 주세요. 이때 중요한 것은 머리와 팔다리가 몸통과 겹치지 않도록 살짝 떨어뜨려 그리는 것입니다. 그림이 완성되면 스마트폰으로 밝은 곳에서 사진을 찍습니다.

② 스마트폰으로 https://sketch.metademolab.com 사이트에 접속합니다. 스마트폰 카메라를 켜고 QR코드를 비추면 해당

웹사이트에 접속할 수 있습니다. 이 사이트는 Meta에서 무료로 제공하는 AI 놀이터와 같은 웹 페이지이니 안심하고 사용하셔도 됩니다.

③ 영문으로 된 웹 페이지에서 사용자 동의를 묻는 팝업이 뜨면 수락(Accept) 버튼을 누르고, 페이지 상단의 'Try it now' 버튼을 터치합니다.

④ 'Upload Photo' 버튼을 누르고 스마트폰으로 찍은 사진을 업로드합니다.

⑤ 업로드한 이미지를 확인하고 애니메이션을 적용할 영역을 선택합니다.

⑥ AI가 선택된 이미지를 스캔한 뒤 자동으로 캐릭터의 관절(사람의 팔다리처럼 그림의 관절을 중심으로 애니메이션이 동작)할 위치를 인식하고, 필요시 사용자가 관절 길이와 위치를 변경할 수 있습니다.

⑦ 'ADD ANIMATION' 단계에서는 샘플 애니메이션을 보며 아이가 직접 그린 그림이 어떤 동작으로 움직이면 좋을지 함께 선택할 수 있습니다. 다양한 샘플 애니메이션 동작을 하

나씩 확인하는 순간은 아이들이 가장 즐거워하는 단계이기도 합니다. 이때 부모가 아이와 함께 어떤 동작을 선택할지, 아이가 그린 그림이 과연 어떻게 움직일지 이야기 나누어 보세요.

⑧ 아이가 그린 그림에 선택한 애니메이션 효과가 적용된 결과물을 함께 확인해 보세요. 다양한 애니메이션 동작으로 바꿔가며 움직이는 그림을 즐길 수 있습니다.

바쁜 일상에서 잠시 멈추어 함께 상상하고 만들어가는 시간은 부모와 자녀 모두에게 특별한 의미를 가집니다. 아이들은 자신이 그린 그림이 움직이는 순간의 놀라움과 기쁨을 함께 나누면서 더욱 풍부한 감정 표현을 배우게 됩니다. 부모의 긍정적인 반응은 아이에게 큰 성취감을 안겨주게 될 것입니다. 더불어 이러한 창작 활동은 부모와 자녀 간의 소통을 더욱 자연스럽게 만들어줍니다. 함께 그림을 그리고, 이야기를 만들고, 캐릭터의 움직임을 상상하는 과정에서 서로의 생각을 나누고 공감하는 시간을 가질 수 있습니다. 이는 단순한 놀이 시간을 넘어 서로에 대한 이해와 신뢰를 쌓아가는 소중한 기회가 됩니다. AI 기술을 활용한 창의적 놀이 활동은 아이들의 상상력과 표현력을 키워주는 동시에, 부모와 자녀 사이의 정서적 유대감을 더욱 깊게 만들어주는 특별한 도구가 될 것입니다.

아이의 상상을 현실로 만드는
AI 동화책 만들기 놀이

AI 동화책 만들기 놀이 TIP
- 아이의 경험과 감정을 바탕으로 이야기를 시작해 보세요.
- 아이의 생각을 AI에게 구체적으로 설명하면 더 좋은 그림을 얻을 수 있어요.
- 완성된 이야기는 세상 하나뿐인 아이의 동화책이 되어 창의력 확장에 도움이 됩니다.

제 아이는 세상에 태어난 순간부터 애착관계가 강하게 형성된 '보리'라는 이름의 반려묘가 있었습니다. 아이가 6살이 되었을 때 보리는 무지개다리를 건넜고 아이는 많이 슬퍼했습니다. 6살 아이에게 저런 슬픈 감정이 있다는 게 놀라울 정도였죠. 보리를 떠나보낸 슬픔을 어떻게 하면 덜고, 나눌 수 있을지 고민하다가 아이와 보리가 주인공이 된 동화책을 만들기로 했습니다. 보리는 무지개다리를 건너기까지 아파 음식도 못 먹고 고생을 많이 했기 때문에 하늘나라에 도착해서 편안하고 행복하게, 그리고 건강하게 살고 있다는 내용으로 이야기의 방향을 잡았습니다. 그리고 아이가 평소 보리를 생각했던 마음, 보고 싶어 했던 모습을 바탕으로 세상에 단 하나뿐인 아이를 위한 동화책을 만들었습니다.

무지개다리를 건넌 보리를 그리며 아이와 함께 만든 동화책 표지

AI로 만든 동화책 <보리와 무지개다리> 보러 가기

7~9세 아이들은 자신만의 이야기를 만들고 표현하는 것에 큰 흥미를 보이는 시기입니다. 이때 부모와 함께 자신의 이야기를 AI 동화책으로 만드는 과정은 창의력 발달과 프롬프트 학습에 놀라운 효과를 가져다줍니다. 특히 이 연령대의 아이들은 자신의 경험과 상상을 이야기로 표현하고 싶어하는 욕구가 강하지만, 글로 쓰는 것에는 아직 어려움을 느끼는 시기이기도 하죠. AI 동화책 만들기는 이러한 간극을 메워주는 훌륭한 도구가 될 수 있습니다. 부모와 함께 이야기를 만드는 과정에서 아이들은 자연스럽게 논리적 사고력을 기르게 됩니다. "주인공은 누구로 할까?", "이야기 속에서 어떤 모험을 하게 될까?" 등의 대화를 나누며 이야기 구조를 배우고 이 과정에서 아이들은 자신의 생각을 체계적으로 정리하고 표현하는 능력을 키울 수 있습니다.

아이와 AI의 첫 만남은 대개 단순하고 직관적입니다. 처음에는 대부분 "공주가 나오는 이야기 만들어줘", "하늘을 나는 자동차 이야기 들려줘" 같은 간단한 요청으로 시작되죠. 하지만 AI가 만든 이야기가 자신이 상상했던 것과 다르다는 것을 반복적으로 경험하면서, 아이들은 자연스럽게 더 자세한 설명이 필요하다는 것을 깨닫게 됩니다. 이때 부모의 적절한 개입과 안내는 매우 중요합니다. 만약 아이가 생각을 구체적으로 표현하는 데 어려움을 느낀다면, "AI에게 더 자세히 설명해 볼까? 공주의 드레스는 어떤 색이었으면 좋겠어?", "자동차가 하늘을 날 때 날개가 어디에 달려있으면 좋겠니?"

와 같이 구체적인 질문을 통해 아이의 상상을 더욱 선명하게 끌어낼 수 있습니다. 이러한 과정을 통해 공주가 나오는 이야기 만들어 달라던 짧은 프롬프트는 "분홍색 드레스를 입은 공주가 마법의 정원에서 말하는 토끼를 만나 모험을 떠나는 이야기"처럼 구체적인 내용으로 발전하게 되고, 이렇게 정리된 프롬프트는 이야기 속 장면을 시각화하는 데도 활용됩니다.

공주 이야기에 쓰인 프롬프트

이야기: 분홍색 드레스를 입은 공주가 흰토끼와 함께 마법의 성을 찾아 떠나는 동화의 한 장면을 한글 200자 이내로 만들어줘

그림: 분홍색 드레스를 입은 공주가 흰토끼와 함께 마법의 성을 찾아 떠나는 모습을 동화의 한 장면처럼 그려줘
"Draw a scene from a fairy tale where a princess in a pink dress embarks on a journey to find a magical castle with a white rabbit."

프롬프트를 사용해 AI로 만들어낸 공주 이야기와 그림
*미드저니로 생성한 이미지

동화책의 분량이 반드시 길 필요는 없습니다. 중요한 건 아이와 부모가 함께 머리를 맞대고 '우리만의 오리지널 콘텐츠'를 제작한다는 것이죠. 이렇게 만들어진 이야기와 그림들을 모아 실제 동화책으로 엮어내면, 세상에 하나뿐인 특별한 창작물이 완성됩니다. 특히 아이는 자신의 상상이 실제 책이 되는 특별한 과정을 경험하면서 큰 성취감을 느끼게 되고, 부모와 함께 더 많은 이야기를 만들고 싶은 동기가 생겨납니다. 더 큰 의미는 이러한 창작 과정이 한 번의 경험으로 끝나지 않는다는 점입니다. 처음으로 동화의 한 부분을 직접 만들어본 아이는 자신만의 이야기를 계속해서 만들고 싶어 합니다. 일상의 평범한 순간들이 아이의 눈을 통해 마법 같은 이야기로 피어나게 되는 것이죠. 놀이터에서 친구와 놀았던 일이 요정들의 모험 이야기가 되고, 비 오는 날 우산을 쓰고 걸었던 경험이 우산을 타고 하늘 위를 나는 환상적인 여행이 될 수 있습니다.

이렇게 매일의 작은 경험이 아이의 상상력을 만나 특별한 이야기로 탄생하는 순간들을 함께 지켜보는 것은 부모에게도 새로운 기쁨이 될 것입니다.

아이와 함께 AI로 만들어낸 엉뚱한 이야기 프롬프트

제목 : 유튜브가 보고 싶은 갈색 머리 공주
이야기 :

호수가 내려다보이는 아름다운 다이아몬드 성에 살고 있는 갈색 머리 공주 에바는 어느 날 새로운 스마트폰을 받았어요. "와, 이게 바로 스마트폰이구나!" 에바는 그 신기한 기기를 손에 들고 어떤 재미있는 일이 있을까 궁금했죠. 공주는 스마트폰을 켜고 '유튜브'라는 앱을 발견했어요.

"유튜브? 이건 뭐지?"

에바는 버튼을 눌러 영상들을 살펴보았어요. 다양한 동물들이 춤추고, 마법이 일어나는 모습을 보고는 눈을 반짝였죠.

"성 밖에는 이런 세상이 있다고? 나도 나가서 보고 싶어!"

에바는 왕궁 밖의 세계가 어떻게 생겼는지 궁금해졌어요. 하지만, 에바는 성 안에서 자주 책을 읽고 공부하며 시간을 보냈기 때문에 스마트폰을 사용할 수 있는 시간이 많지 않았어요. 그래서 에바는 지혜로운 왕비에게 도움을 청했죠.

"왕비님, 스마트폰으로 유튜브를 볼 때 재미있는 영상을 찾는 법을 가르쳐 주세요!"

왕비는 따뜻하게 미소를 지으며 말했어요.

"먼저, 무엇을 보고 싶은지 생각해보렴. 그 다음엔 원하는 영상을 찾아보면 된단다."

에바는 왕비의 말을 따라 스마트폰을 사용하면서 많은 새로운 세상들을 알게 되었어요. 호수의 아름다운 경치도 좋아했지만, 스마트폰을 통해 세상 여러 곳의 신기한 것들을 보는 재미도 생겼죠. 에바는 점점 더 많은 영상들을 탐험하며 행복한 시간을 보냈답니다.

이야기: 호수가 내다보이는 성에 살고 있는 갈색 머리 공주가 스마트폰으로 유튜브를 보고 싶어하는 이야기를 500자로 작성해줘. 공주는 유튜브를 보고 싶어 하지만 왕비가 스마트폰을 많이 사용하지 못하게 하는 내용을 포함해줘.

그림: 위 이야기를 한 장의 그림으로 그릴 수 있는 100자 이내의 영문 프롬프트를 작성해줘
"A brunette princess in a diamond castle by a lake, holding a smartphone, amazed by magical YouTube videos."

*ChatGPT를 활용한 내용

*ImageFX (by Google)로 생성한 이미지

위 이야기처럼 부모가 스마트폰 사용을 제한하는 일상의 에피소드와 지난밤 읽었던 동화책 스토리에 아이의 상상력이 더해져 한

편의 짧은 동화가 될 수도 있습니다. 이렇게 현실과 상상이 만나 새로운 이야기로 재탄생하는 과정은 아이의 창의력 발달은 물론, 부모와의 소통을 더욱 풍부하게 만드는 소중한 기회가 됩니다.

하지만 AI와 함께하는 창작 과정이 늘 순탄한 것만은 아닙니다. "이게 아닌데요? 이건 내가 생각한 것과 달라요"라는 말을 반복하면서 아이들은 자연스럽게 프롬프트의 중요성을 깨닫게 됩니다. 처음에는 의도와 다르게 생성된 결과물에 실망하고 좌절할 수 있지만, 이러한 시행착오는 정확한 설명의 필요성을 스스로 배우게 되는 소중한 기회입니다.

예를 들어 "공주가 나오는 이야기"라고 했을 때 AI가 만든 이야기는 아이가 상상했던 내용과 전혀 다른 스토리일 수 있습니다. 이는 이미지에도 동일하게 적용됩니다. AI가 그린 그림에는 금발의 공주가 나왔지만 아이는 검은 머리의 공주를 상상했을 수도 있고, 성에 사는 공주를 기대했는데 숲속의 공주가 등장할 수도 있죠.

이럴 땐 어떻게 해야 할까요? 부모와 함께 프롬프트를 하나씩 수정해 가며 원하는 결과물을 찾아갈 수 있습니다. 예를 들어 생성된 이미지처럼, 기본 구조는 같더라도 세부 요소들을 조금씩 바꿔가며 다양한 결과물을 만들어낼 수 있죠. 머리카락 색을 바꿔보거나, 배경을 수정하거나, 작은 요소 하나만 변경해도 전혀 다른 그림이 만들어집니다. 이렇게 부모와 함께 시행착오를 겪으며 프롬프트를 다듬어가는 과정 자체가 특별한 경험이 될 수 있습니다.

기본적인 그림 프롬프트

성에 살고 있는 공주를 만화 스타일로 그려줘
"Draw a princess living in a castle in cartoon style."

라는 프롬프트의 기본 구조는 동일하지만, 다음과 같이 프롬프트의 일부 항목을 수정하여 각기 다른 버전의 이미지를 만들어낼 수도 있습니다.

구조는 동일하지만 일부를 수정한 그림 프롬프트

#분홍색 성에 사는 #금발의 공주
"draw a blonde princess living in a pink castle in cartoon style."

#금색 성에 사는 #검은 머리 공주
"draw a black hair princess living in a gold castle in cartoon style."

#호수가 내다보이는 성에 사는 #갈색 머리 공주
"draw a brunette (brown hair) princess living in a castle overlooking a lake in a cartoon style."

"안녕? 난 핑크 캐슬의 공주 로즈야. 우리 성엔 예쁜 탑도 많고 탑의 지붕이 모두 아름다운 핑크색이란다! 그런데 이 멋진 성에 혼자 있으니 조금 심심하네. 누구든 우리 성에 놀러 와! 파티도 하고 춤도 추면 정말 재미있을 것 같아!"

"난 황금빛 성에 사는 아리아야. 하늘을 날 수 있는 마법의 강아지 쿠크도 함께 있어! 석양이 비치는 우리 성은 정말 아름답지만, 항상 쿠크와 둘만 이 멋진 석양을 감상하기엔 너무 아쉬워. 반짝반짝 금색으로 빛나는 우리 성에 와서 사진도 찍고, 깊은 계곡을 건널 수 있는 멋진 다리도 함께 건너보지 않을래?"

"난 호수 옆 보리빛 성에 사는 부나야. 호수에 비친 구름과 하늘의 모습이 정말 예쁘지? 우리 함께 호수에서 배도 타고, 달빛이 환하게 비치는 호숫가에서 이야기를 나눠보면 어떨까? 어서 와! 기다리고 있을게!"

경우에 따라 특정 주제의 이미지를 먼저 생성하고 만들어진 이미지에 맞춰 이야기를 구성해 나가는 방법도 있습니다. 앞에서 생성한 세 가지 이미지를 그대로 활용한다면 어떤 이야기를 만들 수 있을까요?

앞 예시처럼 이미지를 생성한 뒤 그에 맞는 동화를 AI로 만들

> **공주 이야기를 만들기 위해 ChatGPT에 사용한 프롬프트**
>
> 첨부한 이미지에는 각각 다른 성에 살고 있는 세 명의 공주가 있어. 이 이미지를 분석해서 세 명의 공주에게 어울리는 이름을 지어주고, 각자 자기가 살고 있는 성을 소개하면서 성으로 초대하는 동화 만들어줘. 공주 한 명당 최대 200자의 동화로 작성해줘.

수도 있고, AI의 개입 없이 부모와 아이가 머리를 맞대고 엉뚱하면서 창의적인 스토리를 만들 수도 있습니다. 이런 경험들이 쌓이면서 아이들은 자신의 상상을 더 구체적으로 표현하는 방법을 배우게 됩니다.

특히 좋아하는 이야기를 만드는 과정이기에, 아이들은 좌절하지 않고 지속적으로 프롬프트를 개선하고 실험하려고 할 것입니다. "보라색 성의 호수 위에 커다란 배가 떠 있으면 어떨까요?"와 같이 기존의 결과물을 각색하기 위한 구체적인 프롬프트를 제안하기도 하고, 멋진 성이 그려진 배경을 커다란 토네이도가 등장하거나 파도가 몰아치는 바다로 바꾸어 놓는 엉뚱한 시도를 하기도 합니다.

이 과정에서 부모의 역할은 매우 중요합니다. 상상과 달리 원하는 스토리나 이미지가 만들어지지 않아 아이가 실망할 때 "호수 위에 배가 얼마나 컸으면 좋겠어?", "낮이 아니라 밤의 궁전으로 초대하는 이야기로 만들어보면 어떨까?" 같은 구체적인 질문으로 아이의 상상을 더욱 선명하게 이끌어낼 수 있습니다.

"이번에는 원하는 그림이 안 나왔지만, 조금씩 수정하다 보면 네가 상상한 모습이 나올 거야"라는 격려는 아이에게 계속 도전할 용기를 줍니다. 결국 이러한 시행착오와 개선의 과정, 그리고 부모의 적절한 지지는 AI와의 효과적인 소통을 위한 첫걸음이 될 뿐만 아니라, 아이들의 의사소통 능력과 논리적 사고력을 향상시키는 소중한 학습 경험이 됩니다.

아이와 부모가 함께 AI를 활용해 직접 동화책을 만드는 경험은 프롬프트 엔지니어링 능력을 주도적이면서 재미있게 학습하는 가장 효과적인 방법이 될 것입니다. 이 과정은 단순한 동화책 만들기를 넘어, 아이들의 창의력, 논리적 사고력, 의사소통 능력을 종합적으로 발달시키는 특별한 교육 활동이며, 무엇보다 자신의 이야기가 실제 책이 되는 경험은 아이들에게 큰 자신감과 성취감을 선사할 것입니다.

생성형 AI는 어떻게 다룰지 몰라서 거부감을 느끼는 낯선 존재가 되어서는 안 됩니다. AI와 함께하는 창의적 활동은 이미 다양한 방법을 통해 단순한 놀이를 넘어 아이들의 전인적 발달을 돕는 종합적인 교육 도구가 되고 있습니다. AI 스피커와의 첫 대화부터 시작해서, AI 챗봇과 나누는 깊이 있는 대화, 생성형 AI를 통한 그림 그리기와 애니메이션 제작, 그리고 이 모든 것을 아우르는 나만의 동화책 만들기까지, 이러한 활동들은 아이들이 프롬프트를 활용해 생성형 AI를 다루는 역량을 자연스럽게 키워줍니다. AI 스피커나 AI

TV를 통해 날씨를 묻고, 음악을 틀어달라 요청하고, 간단한 퀴즈를 푸는 과정에서 아이들은 AI와의 기본적인 상호작용 방법을 배우게 됩니다. 이는 더 복잡한 AI 활용으로 나아가는 첫걸음이 됩니다. 더 나아가 AI 챗봇과의 대화는 아이들의 언어 발달과 의사소통 능력을 획기적으로 향상시킵니다. 단순한 질문과 답변을 넘어, 맥락을 유지하며 이어지는 대화를 통해 아이들은 논리적 사고력과 표현력을 키울 수 있습니다. 특히 AI 챗봇은 지치지 않는 대화 상대로서, 아이들의 끊임없는 호기심을 채워주고 새로운 학습 동기를 부여합니다. 생성형 AI를 활용한 그림 그리기와 애니메이션 제작은 아이들의 상상력을 현실로 구현하는 마법 같은 경험을 제공합니다. 자신이 상상한 캐릭터가 실제 그림이 되고, 더 나아가 움직이는 모습을 보며 아이들은 창작의 즐거움을 느낍니다. 이 과정에서 아이들은 자연스럽게 프롬프트 작성의 중요성을 깨닫고, 자신의 생각을 정확하게 표현하는 능력을 기르게 됩니다. 다양한 AI 활동들을 종합하여 만드는 나만의 동화책은 아이들에게 특별한 성취감을 선사합니다. 자신의 이야기가 실제 책이 되는 과정에서 아이들은 창의력, 문제 해결력, 문해력 등 일상에 필요한 언어적 능력을 포괄적으로 발달하게 됩니다. 더불어 이 과정에서 자연스럽게 습득하는 프롬프트 엔지니어링 능력은 앞으로의 시대를 살아가는 데 필수적인 역량이 될 것입니다.

특히 주목할 만한 점은 AI 기반의 놀이 활동은 아이들의 자기주도 학습을 촉진한다는 것입니다. AI와의 상호작용 과정에서 아이들은 스스로 문제를 발견하고, 해결 방법을 모색하며, 결과를 확인하고 개선하는 과정을 반복합니다. 이러한 활동들은 디지털 네이티브 세대인 우리 아이들에게 AI를 올바르게 활용하는 방법을 자연스럽게 가르쳐줄 뿐만 아니라, AI는 우리의 창의성을 돕는 도구라는 것, 그리고 이를 효과적으로 활용하기 위해서는 정확한 의사소통이 필요하다는 것을 반복적인 체험을 통해 배우게 되는 것이죠.

> **작가의 한 줄 노트**
>
> 이제 독자 여러분들도 AI와 함께하는 창의적인 활동을 시작해 보세요. 처음에는 AI 스피커와 간단한 대화부터 시작하면 됩니다. 그리고 점차 챗봇과의 대화, 그림 그리기, 애니메이션 만들기로 발전시켜 나가보세요. 어렵게 생각하지 말고 아이와 함께 웃고 즐기면서 하나씩 시도해 보세요. 실수도 좋습니다. 오히려 그런 시행착오 속에서 아이들은 부모와 함께 더 많은 것을 배우게 될 것입니다.

5부

디지털교과서와 AI 시대를 준비하는 방법

AI 디지털교과서의
등장

2025년은 우리나라 교육 현장의 중요한 전환점이 될 것입니다. AI 디지털교과서 자율 도입 정책을 시작으로 정규 교육 환경은 이전과는 다른 모습으로 변화하고 있습니다. 이러한 변화는 디지털교과서를 직접 사용하는 아이들뿐만 아니라, 부모님과 선생님들께도 새로운 도전이 되는 것입니다.

물론 AI 디지털교과서를 둘러싼 우려의 목소리도 큽니다. 정책의 급속한 추진과 검증되지 않은 효과성에 대한 걱정이 이어지고 있죠. 하지만 이러한 논란은 어쩌면 당연합니다. 새로운 기술의 도입은 언제나 우려와 기대를 동반하기 마련이니까요. 중요한 것은 우리 아이들이 AI와 함께 할 미래의 교육을 어떻게 준비할 것인가 하는 점입니다.

　AI 디지털교과서의 존재가 결코 교사나 부모의 역할을 대체할 수 없으며, 우리 아이들이 만나게 될 세상이 점점 고도화된 AI 환경으로 변해갈수록, 오히려 부모와 교사의 역할은 더욱 중요해질 것입니다. 아이들은 AI와의 상호작용 못지않게 부모와의 따뜻한 교감과 소통이 필요하기 때문입니다. 아이와 함께 AI를 경험하고, 그 과정에서 느끼는 즐거움과 어려움을 나누며, 때로는 실수와 시행착오를 통해 배우는 과정이 필요합니다. 이러한 상호작용은 아이들이 급변하는 AI 환경에 건강하게 적응하고, 더 나아가 AI를 현명하게 활용할 수 있는 힘이 될 것입니다.

　그래서 우리는 AI 니지털교과서를 통한 학습 방법에 접근하는 것이 아닌, 근본적으로 AI 문해력과 AI 윤리, 그리고 생성형 AI의 특성을 이해하고 올바르게 활용하는 방법을 제시합니다. 가정에서 시도할 수 있는 다양한 AI 활용 놀이와 학습 방법들을 소개하고 아이의 꿈 이야기를 AI와 함께 동화책으로 만들어보고, 상상 속 캐릭터를 그려보는 경험들은 단순한 놀이를 넘어 AI 기반의 미래 교육을 위한 소중한 밑거름이 될 것입니다. AI는 우리 아이들의 학습을 돕는 보조적 도구이자, 때로는 창의적 영감을 주는 협력자가 되어야 합니다. 그러기 위해서는 AI를 어떻게 다뤄야 하는지에 대한 이해가 선행되어야 하겠죠.

　혼란 속 디지털교과서가 도입된 시점에 가정과 학교가 머리를 맞대고 '제대로 된 AI 교육'에 대해 함께 고민하고 준비해야 할 때입니다. 아이들은 놀이를 통해 자연스럽게 AI를 이해하고, 부모님은 아이들과 함께하는 과정에서 AI의 가능성과 한계를 경험하게 됩니다. 이러한 경험들이 쌓여 진정한 의미의 AI 교육이 무엇인지 깨닫게 되는 것이죠. 우리는 AI를 두려워할 필요도, 맹신할 필요도 없습니다. 다만 변화하는 시대에 발맞춰, 우리 아이들이 AI를 현명하게 활용할 수 있도록 준비시켜야 합니다.

그것이 바로 이 시대를 사는 부모와 교육자들의 책임입니다. 앞으로도 AI 교육을 둘러싼 논란과 우려는 계속될 것입니다. 하지만 그 속에서도 우리는 유의미한 교육의 가능성을 발견할 수 있죠. 우리 주변에는 이미 수많은 시도와 경험을 바탕으로 선도적인 AI 융합 교육을 이끌어 가고 있는 교육자들이 있고, 우리 부모님과 선도적인 교육자들이 모여 더 나은 미래 교육의 모습을 만들어갈 것이기 때문이죠.

교실에 도착한 미래, 가정과 교실을 잇는 AI 교육

디지털교과서가 본격적으로 도입되기 이전부터, 실제로 많은 교사분들은 이미 수년 전부터 다양한 에듀테크를 교육 과정에 접목해왔습니다. 특히 선도적인 교사들의 실험과 도전, 전국 단위의 수업 사례 공유, 첨단 교육 박람회를 통한 새로운 교수법의 확산은 우리 아이들의 교육 환경이 미래지향적인 방향으로 나아가는 데 있어 큰 역할을 해오고 있죠.

국내에서 진행되고 있는 다양한 선도적 AI 교육 사례의 중심에는 AI융합교육연구회라는 단체가 있습니다. 전국의 초·중·고등학교 선생님들과 공공교육기관 종사자 중심으로 구성된 AI융합교육연구회가 대한민국의 미래 교육의 변화를 이끌어가고 있다 해도 과언이 아닙니다. AI융합교육연구회는 전국 규모의 AI 교육 프로그램을 선도적으로 운영하고 있는데, 특히 국제인공지능윤리협회와 공동 주관하는 'AI 활용 그림 그리기 대회'와 'AI 윤리 작문 대회'는 단순한 대회를 넘어 학생들이 AI를 창의적이고 윤리적으로 활용하는 방법을 배우는 교육의 기회를 제공하고 있습니다. 연구회 소속 선생님들이 교육 현장에서 직접 시도하고 온·오프라인 모임을 통해 공유하는 혁신적인 AI 교육 사례는 뛰어난 전문성을 보여주고 있습니다. 영어 회화 연습, 창의적 작문 수업, AI 작곡 프로그램을 활용한 음악 수업, 생성형 AI를 활용한 미술 수업 등은 정규 교과와 에듀테크의 자연스러운 융합을 보여줍니다. 이러한 선도적인 교육 사례들은 디지털교과서 도입을 넘어, 곧 다가올 미래의 교육 현장이 어떤 모습

생성형AI를 활용한 국내외 대회 주최

일지 미리 엿볼 수 있게 해주는 창이 되고 있습니다.

AI융합교육연구회와 국제인공지능윤리협회가 공동 주최하는 'AI활용 그림 그리기 대회'는 학생들과 교사가 협동하여 생성형 AI를 활용해 작품을 만들고, 직접 사용한 프롬프트도 함께 제출합니다. 2023년부터 전국의 초·중·고교 학생들을 대상으로 AI 그림 그리기 대회를 시작해 2024년 11월까지 국내에서 5회째 대회를 성공적으로 치뤘으며 2024년 7월에는 제1회 AI윤리작문대회도 성황리에 마쳤죠. 이러한 경험을 바탕으로 2025년 5월에는 AI국제교육협력의 일환으로 한일 학생 AI 그리기 대회를 준비중에 있습니다.

AI융합교육연구회에서 주최하는 대회의 진정한 의미는 아이들이 AI 윤리의 중요성을 인식하고 창의력과 협동심, 그리고 논리적인 사고력을 바탕으로 더 나은 AI 활용 능력을 키우는 데에 있습니다. 학생들은 자신이 표현하고 싶은 이미지를 얻기 위해 프롬프트를 계속해서 수정하고 발전시키는 과정을 거치며, AI와의 효과적인 소통 방법을 자연스럽게 체득하는 것이죠. 이러한 경험은 단순한 대회 참여를 넘어 AI 시대의 핵심 역량을 키우는 소중한 배움의 기회가 되고 있습니다.

실제 교육 현장에서 진행되는 활동과 우리가 가정에서 경험할 수 있는 AI 놀이가 본질적으로 같은 방향을 향하고 있다는 점은 상당히 유의미한 지점입니다. 놀이를 통해 부모님과 함께 프롬프트를

2024년 AI 그림 그리기 대회 수상작-1

〈인간과 로봇이 함께하는 건축〉 한천중학교 1학년 2반 안정현

고민하고, 결과물을 보며 수정하고, 더 나은 표현을 찾아가는 그 과정은 자연스러운 학습의 시작점이 될 수 있죠. 실제로 대회에 참가한 학생들은 선생님과 팀을 이루어 프롬프트를 연구하고 발전시키며 놀라운 결과물을 만들어냈습니다. 여러 번의 시행착오를 거치면서 더 정교한 표현을 찾아가는 과정은 마치 하나의 탐구 활동과 같다고 할 수 있죠.

이는 우리가 앞서 살펴봤던 가정에서의 경험과 매우 닮아 있습

2024년 AI 그림 그리기 대회 수상작-2

〈미래도시에서의 인간과 AI의 조화〉 길음중학교 1학년 10반 손윤아

니다. 아이가 전날 꾼 꿈 이야기를 듣고 부모님과 함께 프롬프트를 고민하며 그 장면을 그림과 동화책으로 만드는 장면을 떠올려보세요. 아이의 이야기를 경청하고, 함께 상상하며, 그것을 정확한 언어로 표현해 가는 과정이 자연스러운 배움의 순간이 되었던 것처럼, 학교에서의 AI 활용 수업도 같은 맥락에서 시도되고 있고, AI와 함께하는 환경 속에서 이러한 방식의 수업은 점차 보편화될 것입니다.

AI 미술 코딩 수업

경기도 오산시 운천초등학교의 AI 미술 코딩 수업 역시 우리가 곧 마주하게 될 미래 교육의 모습을 보여주는 좋은 사례입니다. 학생들은 'AI 미술 코딩 수업'을 통해 인공지능을 활용한 그림 디자인 프로그램을 배우게 됩니다. 미술 코딩이라는 용어가 다소 생소하게 들리긴 하지만, 해당 프로그램의 핵심은 프롬프트를 활용해 생성 AI로 그림을 그리고, 더 구체적이고 정확한 프롬프트를 입력해서 보다 나은 미술작품을 만드는 수업입니다. 각종 언론과 우수 수업 사례에 소개될 정도로 혁신적이고 새로운 방식의 교육 방법인 AI 미술 코딩 수업 역시 독자분들에게 익숙한 AI 그림 그리기 놀이와 매우 유사하기도 합니다. 그리고 '미술 코딩'이라는 용어 역시 더 완성도 높은 그림을 그려내기 위한 '프롬프트 엔지니어링'과 같다고 말할 수 있습니다.

AI와 함께 변화하는 학습 환경과 의사소통 능력

이러한 선도적인 교육 사례들은 우리 아이들의 학습 환경이 어떻게 변화할지 보여줍니다. 더 이상 교사의 일방적인 지식 전달이 아닌, AI와 상호작용하며 자신만의 속도와 방식으로 배움을 만들어가는 시대로 진화하고 있습니다. 그리고 자연스럽게 디지털교과서와 같은 새로운 학습 도구를 효과적으로 활용할 수 있게 되는 것이죠. 예를 들어, 특정 문제 풀이에 어려움을 느끼거나 이해도가 부족할 경우, 단순히 "이해가 안 돼요"라는 반응 대신 "이 부분에서 어려움을 느끼는데, 일상에서 경험할 수 있는 예시를 들어 설명해 주세요"처럼 구체적인 요청을 하거나 "삼각형의 넓이를 구하는 방법을 설명해줘"라는 단순한 질문 대신, "이등변삼각형의 넓이를 구하는 과정을 단계별로 자세히 설명하고, 비슷한 난이도의 문제와 풀이 예시를 함께 알려줘"와 같이 구체적인 질문을 할 수 있게 될 것입니다. 더 나아가 이러한 문제 풀이 접근법은 AI와의 소통에만 해당되지 않고 선생님이나 부모, 친구들과의 상호작용에도 동일하게 적용될 수 있습니다. 특히 가정에서 놀이를 통해 형성된 AI에 대한 균형 잡힌 인식과 태도는 새로운 학습 환경에 대한 건강한 자신감으로 이어질 것입니다. 이를 통해 아이들은 두려움 없이 새로운 기능을 탐험하면서, 동시에 AI의 제안을 무조건 수용하지 않고 스스로 판단하고 선택하는 능력을 기르게 됩니다. 시행착오를 통해 배우며, 자신만의 효과적인 학습 방법을 찾아가는 과정에서 AI를 현명하게 활용하는 지혜도 함께 얻게 되는 것입니다.

아이와 함께 성장하는
AI 놀이 7가지 실천 가이드

    AI 디지털교과서 도입을 시작으로, 교실에서의 학습 방식부터 가정에서의 공부법까지 큰 변화가 예상되는 만큼 부모님들의 역할과 준비도 달라져야 할 것입니다. 단순히 아이의 학습 과제와 진도를 관리하는 것을 넘어, 필요한 균형 잡힌 시각과 올바른 활용 능력을 부모 역시 함께 길러 나가야 하기 때문입니다. 그렇다면 우리는 AI 시대에 필요한 부모의 역량을 어떻게 키워 나가야 할까요? 직장이나 외부 교육기관을 통해 배워야만 할까요?

    지금까지 AI 프롬프트의 여정을 함께해 온 독자님이라면 이미 그 방법을 알고 있을 것입니다. 그리고 걱정할 필요가 없다는 것도 알고 계시겠죠. 가정에서의 AI 놀이 교육은 특별한 전문 지식이나 고급 기술을 요구하지 않습니다. 오히려 일상에서 아이와 함께하는 작은 대화, 호기심 어린 질문, 그리고 디지털 도구를 함께 탐색하는 과정에서 자연스럽게 이루어지기 때문이죠. 그리고 AI의 기본 개념부터 가정에서 실천할 수 있는 다양한 활동들까지 단계적으로 접해왔습니다. 아이와 함께 AI 그림으로 상상의 세계를 그려보고, 인공지능 스피커에게 재미있는 질문을 던지며, 간단한 AI 앱으로 학습 개념을 탐구하는 경험은 특별한 교육 없이도 충분히 가능합니다. 중요한 것은 완벽한 전문가가 되는 것이 아니라, 아이와 함께 배우고 성장하는 열린 마음가짐입니다. AI 시대의 부모는 모든 답을 알고 있는 사람이 아니라, 아이와 함께 새로운 질문을 던지고 답을 찾아가는 동반자이기 때문입니다.

우리가 앞서 배운 내용들을 토대로 AI 놀이 학습을 부모님들도 쉽게 이해할 수 있도록 7가지 실용 가이드로 정리했습니다. 지금부터 AI 시대를 마주 보고 선 부모님들의 실질적인 역할과 준비 사항을 차근차근 가이드해 드리겠습니다.

1. AI와 함께 성장하기

AI를 두려워하거나 거부하기보다는 함께 배우고 성장하는 자세가 필요합니다. 부모가 먼저 AI에 대한 막연한 불안감을 내려놓고, 아이와 함께 새로운 기술을 탐험하는 동반자가 되어야 합니다. AI에 대해 모르는 것이 있다면, 그것은 당연한 일입니다. 오히려 아이와 함께 배워가는 과정을 즐기는 것이 중요합니다.

실천 방법 온·오프라인 활동이 포함된 AI 탐험 시간

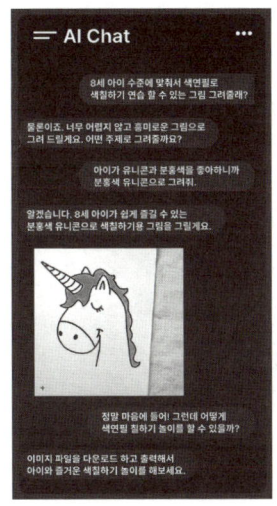 

AI로 생성한 그림을 출력해서 색칠하기 놀이로 연결시키는 과정

주말마다 30분씩 AI 앱을 활용한 놀이 시간을 가족 활동으로 정해보는 건 어떨까요? 이때 중요한 것은 **시간제한을 두고, AI 활동과 오프라인 활동의 균형을 맞추는 것**입니다. 특정 주제를 정해서 AI 스피커, AI 어시스턴트(스마트폰에 탑재된 빅스비, Siri, 구글 Gemini 등과 같은 서비스를 일컫습니다)와 대화를 나누거나, ChatGPT, Gemini, MS bing 등의 웹사이트에서 AI로 그림을 그린 후, 그 그림을 프린트해서 함께 색칠하고 이야기를 만드는 활동으로 연결해 보세요. 아이들의 상상력을 자극하면서도 가족이 함께 디지털과 아날로그 활동의 균형을 맞출 수 있는 즐거운 놀이가 될 것입니다. 또한 앞서 소개한 것처럼 가족 구성원이 번갈아 가며 AI 로봇으로 변신하고, 정해진 프

롬프트에 맞춰 간단한 미션을 수행하는 것 또한 가정에서 쉽게 즐길 수 있는 활동입니다.

만약 마땅한 놀이가 생각나지 않을 때는 AI와 대화를 통해 가족 구성원의 나이와 구체적인 상황을 알려주고 창의적이고 알맞은 놀이를 위한 팁을 제안 받아볼 수도 있습니다. 물론 이때는 AI에게 지나친 개인정보를 알려주어서는 안 됩니다.

2. AI 윤리와 안전한 활용법 배우기

AI를 활용할 때의 윤리적 문제와 개인정보 보호에 대해 아이와 함께 자연스럽게 대화를 나누어야 합니다. 특히 아이들이 AI와 상호작용 하면서 발생할 수 있는 다양한 윤리적 상황들에 대해 함께 고민하고 토론하는 시간을 가져보세요.

실천 방법 1. **진짜 게임 vs 가짜 게임**

AI가 생성한 유명인의 가짜 영상이나 이미지를 보여주고, 이것이 실제인지 가짜인지 구분하는 활동을 해보면 어떨까요? 그리고 이런 기술이 악용될 경우 어떤 문제가 발생할 수 있는지 아이와 함께 이야기해 보세요. "만약 누군가가 네 얼굴을 이용해 나쁜 행동을 하는 가짜 영상을 만든다면 어떤 기분일까?"와 같은 질문으로 대화를 시작해 볼 수 있습니다.

또한 저작권 문제를 이해시키기 위한 방법으로 실존하는 명화와 AI가 유사하게 만든 그림을 비교하며 "어떤 그림이 진짜일까?", "이(가짜) 그림을 사람들에게 진짜라고 말하고 비싸게 팔아도 될까?" 와 같은 질문을 해보세요. 이를 통해 창작물의 가치와 존중에 대해 자연스럽게 대화할 수 있습니다.

(좌)AI가 생성한 반 고흐 스타일의 그림 (우)반 고흐의 <별이 빛나는 밤에> 원작

실천 방법 2. 개인정보를 지켜라!

개인정보보호에 관해서는 **'AI 챗봇에게 절대 알려주면 안 되는 정보 5가지'를 함께 만들어보는 것이 효과적입니다.** 여기에는 실명, 주소, 학교 이름, 부모님 직장, 가족 여행 계획 등이 포함될 수 있겠죠. 또한 AI가 부적절한 질문을 하거나 불편한 내용을 제시하는 경우 즉시 부모에게 알리도록 약속하는 것도 중요합니다. 그 밖에도 AI 챗봇과 대화할 때는 "집 주소, 휴대폰 번호 말하지 않기", "부모님 허락 없이 사진 업로드하지 않기" 등의 규칙이 포함된 가이드를 아이들과 함께 만드는 것도 추천합니다.

3. 자기주도학습과 비판적 사고력 키우기

전반적인 AI 활용에 가장 중요한 것이 AI 윤리라면, AI를 활용한 학습에서 가장 중요한 것은 자기주도학습 능력과 비판적 사고력입니다. 아이가 AI를 통해 스스로 학습 목표를 설정하고 필요한 정보를 찾으며, 결과를 평가할 수 있도록 도와주세요. 역사 프로젝트나 과학 탐구와 같은 활동에서 AI를 활용할 때, 아이에게 "이 정보는 정확할까?", "다른 관점은 없을까?"라는 질문을 함께 던져보는 것도 방법입니다.

실천 방법 1. 팩트 체크 게임

AI 팩트 체크 게임은 아이들이 정보를 비판적으로 평가하는 능력을 기를 수 있는 효과적인 가족 활동입니다. 아이와 함께 AI에게 다양한 주제에 관한 질문을 던진 후, 그 답변을 백과사전이나 신뢰할 수 있는 웹사이트와 비교해 보세요. 이러한 과정을 통해 **아이들은 정보의 신뢰성을 판단하고 모든 정보를 비판적으로 검토하는 습관을 자연스럽게 기를 수 있습니다.** 또한 이 활동은 가족 간의 소통을 활발히 할 수 있고 함께 배우는 즐거운 경험을 심어줄 수 있습니다.

실천 방법 2. 질문 챌린지

가정에서 '다섯 번의 질문' 게임을 시도해 볼 수 있습니다. AI의 답변에 대해 최소 다섯 번의 "왜?", "어떻게?", "확실한 거야?" 등의 질문을 이어가는 것이 규칙입니다. 예를 들어, "왜 그렇게 생각하니?", "다른 방법은 없을까?", "이 정보의 출처는 무엇일까?" 등의 질문을 통해 **아이들은 표면적인 정보를 넘어 더 깊이 생각하는 습관을 기를 수 있습니다.** 특히 아이가 호기심 어린 질문으로 AI의 오류나 한계를 발견했을 때는 따뜻하게 "정말 좋은 관찰이었어. 중요한 점을 찾아냈구나!"라고 격려해 주세요. 이런 순간들이 아이에게 단순한 성취감을 넘어, 비판적 사고의 가치와 자신의 판단을 신뢰하는 소중한 경험이 됩니다.

실천 방법 3. AI 결과물 평가하기

가족들이 함께 AI가 제공한 결과물을 실제로 시도해 보고 평가하는 시간을 가질 수 있습니다. 예를 들어, AI가 추천한 레시피 그대로 요리해 보고, 직접 맛을 보며 어떤 부분이 이상한지, 어떤 부분이 보완되어야 하는지 가족 요리 평가회를 열어보는 방법은 어떨까요? **이 과정에서 아이들은 AI의 추천을 무조건 따르기보다 상황에 맞게 조정하는 법을 배울 수 있습니다.** 또한 이런 활동은 아이들이 새로운 음식 재료를 시도해 보고 요리라는 취미 활동에 관심을 가지는 기회가 될 수 있습니다.

4. AI와 함께하는 창작의 즐거움

AI를 단순한 답안 제공 도구가 아닌, 창의적 표현의 도구로 활용할 수 있도록 지도해보세요. AI 그림 그리기나 이야기 만들기를 통해 아이의 상상력과 표현력을 키워줄 수 있습니다.

실천 방법 1. 우리 가족 AI 창작의 밤

매주 특정 요일 저녁을 'AI 창작의 밤'으로 정해보는 건 어떨까요? 온 가족이 함께 AI를 활용해 다양한 창작 활동을 할 수 있습니다. 예를 들어 우주여행이나 미래 도시와 같은 주제로 AI 그림을 그리고, 그 그림을 바탕으로 가족 모두가 짧은 이야기를 만들어보세요. 서로의 이야기를 듣고 감상을 나누는 시간은 아이들에게 매우 의미 있는 경험이 될 것입니다.

이 창작 활동에는 부모도 함께 참여하는 것이 중요합니다. 같은 주제로 각자의 작품을 만들어보고 결과물을 비교하며 이야기를 나누어보세요. 가족 모두의 작품을 모아 작은 전시회를 열어보는 것도 재미있는 활동이 될 수 있습니다.

실천 방법 2. '프롬프트 레벨 업!' 게임

프롬프트 작성 능력을 향상시키기 위한 '프롬프트 레벨 업' 게임은 어떨까요? 처음에는 간단한 프롬프트(예시: 바다 그림)로 시작해서, **점점 더 구체적이고 창의적인 프롬프트**(예시: 햇살 아래 야자수가 있고 백

사장에 파도가 치는 해변의 모습 그려줘)로 발전 시켜보는 것입니다. 이 과정에서 아이들은 생각을 정확하게 표현하는 능력을 기를 수 있고, 실제로 접하기 힘든 상상 속의 모습을 시각화하는 과정을 경험할 수 있습니다.

원하는 결과물이 생성될 때까지 프롬프트를 개선하는 과정

실천 방법 3. AI와 팀플레이 게임

AI와의 협업을 통한 창작도 시도해 보는 것 역시 아이들과 함께

하기 좋은 방법입니다. AI에게 이야기의 시작 부분만 작성하게 하고 아이가 중간 부분을, 부모가 결말을 작성하는 릴레이 스토리텔링 활동을 추천합니다. 이런 활동은 아이들이 자연스럽게 AI와 협업하는 환경에 익숙해지도록 도와줍니다. 미래 사회에서는 AI와 함께 일하고 창작하는 능력이 중요한 역량이 될 것이므로, **어릴 때부터 AI를 하나의 도구로 인식하고 활용하면서, 동시에 창의성을 발휘하는 경험은 아이들의 미래를 위해 매우 가치 있는 배움이 될 것입니다.** 이 과정에서 아이들은 AI와 인간의 창의성이 어떻게 다른지, 서로 어떻게 보완될 수 있는지 자연스럽게 체험하며 AI를 두려워하거나 과도하게 의존하지 않고 균형 있게 활용하는 지혜를 기를 수 있을 것입니다.

5. 새로운 도전을 즐기는 자세

AI 기술은 계속해서 발전할 것입니다. 아마 우리가 따라가기 어려울 만큼 빠르게 발전해 나가겠죠. 그렇기에 우리 아이들에게 지속적인 학습과 적응의 필요성을 인지하고, 새로운 것을 배우고 즐기는 태도를 길러주는 것이 중요합니다.

실천 방법 1. AI 학습 시간

아이와 함께 AI 관련 영상이나 연령대에 맞는 교육자료를 시청해 보는 건 어떨까요? 처음에는 부모가 주도적으로 AI 학습 주제를 선정하더라도, **점차 아이가 관심 있는 주제를 직접 제안하고 함께 탐구**

하는 방식으로 발전시켜 보세요. 생각보다 이러한 활동을 통해 예상치 못한 긍정적인 경험을 하게 될 것입니다. 아이들이 AI를 바라보고 활용하는 독특한 관점은 부모에게도 새로운 시각을 제공하고 아이들의 창의적이고 예측 불가능한 질문들, 그리고 AI와 상호작용하는 방식을 관찰하면서 부모님들도 많은 것을 배울 수 있습니다. 이처럼 서로 배우고 가르치는 쌍방향 학습은 부모와 자녀 모두에게 더 풍부한 경험을 선사할 것입니다.

실천 방법 2. 새로운 AI 탐험하기

새로운 AI 도구가 출시될 때마다 가족이 함께 탐험해 보는 시간을 가져보세요. 매달 한 번씩 '새로운 AI 체험하기' 시간을 갖고, 각자 발견한 흥미로운 기능이나 한계점에 대한 이야기를 나누는 것도 좋은 방법입니다. 이러한 활동은 **기술 변화에 대한 적응력과 열린 마음을 기르는 데 도움이 될 것입니다.**

실천 방법 3. "괜찮아! 우리 또 만들어볼까?"

AI 놀이 활동을 통해 시행착오를 통해 배우고 성장하는 과정의 가치를 알려주세요. 아이에게 먼저 부모의 경험담을 들려주면 어떨까요? "아빠는 고양이가 비행기에 앉아서 여행하는 그림을 그리려고 했는데, AI가 어떻게 그렸는지 볼래?"라고 말하며 부모가 의도했던 이미지와 AI가 그려준 이미지를 비교해 보는 방법도 좋습니다. 처음에는 원하는 결과가 나오지 않아 좌절했지만, 계속 시도하면서 점점 나아졌다는 과정을 말해주는 것만으로도 아이는 실패가 배움의 일부라는 것을 자연스럽게 이해하게 될 것입니다.

(좌)아빠가 처음에 의도했던 그림 (우)AI가 처음 그려준 그림

6. 나만의 속도로 배우기

각 아이의 특성과 학습 속도에 맞는 개별화된 학습을 지원해 주세요. AI를 활용하여 아이의 강점을 발견하고 약점을 보완하는 방법을 찾아보는 것이 중요합니다.

실천 방법 1. 관심 기반 AI 학습

수학이나 영어와 같은 과목에 어려움을 겪는 아이를 위해 AI 학습 도구를 활용해 보세요. 시각적으로 개념을 표현하고, 게임 형식으로 학습할 수 있는 AI 앱은 아이의 흥미를 끌기에 좋은 방법입니다. 무엇보다 **자신의 속도와 레벨에 맞춰 반복 학습할 수 있다는 점이 큰 장점이 될 것입니다.** 반드시 교과 과정에 해당하는 주제일 필요는 없습니다. 아이가 관심 있는 주제를 중심으로 AI 학습을 구성하는 방법도 있습니다. 예를 들어, 공룡에 관심이 많은 아이라면 서적이나 다양한 형태의 콘텐츠로 공룡 주제의 이야기를 함께 읽고, 모르는 단어나 개념은 바로 AI에게 물어보며 학습할 수 있습니다. 이처럼 아이의 관심사에 맞춘 학습은 훨씬 효과적이고 지속적인 동기부여가 될 것입니다.

실천 방법 2. 숨겨진 재능 발견!

AI를 통해 아이의 숨겨진 재능이나 관심사를 발견할 수도 있습니다. AI 그림 도구나 음악 생성 프로그램을 통해 아이가 평소에 보이지 않던 예술적 관심을 나타낼 수도 있고, 창작동화 스토리텔링에 뛰어난 재능을 보일 수도 있습니다. 다양한 AI 도구를 시도하다 보면 아이의 새로운 취미나 특기로 발전할 수도 있지 않을까요? 또한 AI는 다양한 학습 스타일과 속도에 맞춰 개인화된 경험을 제공하기 때문에, 전통적인 학습 방식에서는 발견하기 어려웠던 아이의 강점을 찾아낼 수 있습니다. 이러한 경험은 아이들이 남들과 다른 자신의 고유한 재능을 발견하고 자신감을 키우는 소중한 기회가 될 것입니다.

7. AI를 넘어선 인간다움 키우기

아무리 인간처럼 말하고 반응하는 AI일지라도 결코 인간적 교감을 대체할 수 없습니다. 그렇기에 부모와 자녀 간의 따뜻한 대화와 정서적 교류를 통해 건강한 인성과 감성 발달을 도모하는 것이 중요합니다. 본격적으로 시작된 AI 교육 환경에서도, 사람과의 교감 및 소통은 매우 중요해질 것입니다. AI 기술이 제공하는 편리함과 학습 기회는 분명히 가치가 있지만, 인간관계에서 오는 정서적 연결과 안정감은 그 어떤 기술로도 대체할 수 없습니다. 아이들의 건강한 정서 발달을 위해 부모는 적극적으로 경청하고, 감정을 인정하며, 일관된 지지와 격려를 제공해야 합니다.

실천 방법 1. 감정 이해하기

공감력, 배려심, 협동심 등 AI가 대체할 수 없는 인간적 가치를 키워주세요. AI 동화 만들기 활동 후, 그 이야기 속 등장인물의 감정에 대한 이야기 나누는 시간을 가져보는 것 또한 효과적입니다. 아이와 함께 창작한 AI 동화를 읽으면서 "주인공은 어떤 기분이었을까?", "네가 그 상황이라면 어떻게 느꼈을까?"와 같은 질문을 던져보고, 부모가 느낀 감정을 공유하는 과정에서 아이는 다양한 감정을 인식하고 표현하는 능력을 기르게 될 것입니다.

AI 그림 그리기 활동을 통해서도 감정 이해를 도울 수 있습니다. 행복한 날, 슬픈 기억, 화가 났을 때와 같은 감정 주제로 AI에게 그림을 요청한 후, 그 이미지에 담긴 감정을 함께 이야기해 보세요. 아이에게 "이 그림에서 어떤 감정이 느껴지니?", "이 캐릭터의 표정이나 자세에서 무엇을 알 수 있을까?"라고 물어보며 감정 읽기 능력을 키울 수 있습니다. 더 나아가 아이가 자신의 감정을 AI 그림으로 표현해 보도록 격려하고, 그 과정에서 자연스럽게 자신의 감정을 인식하고 표현하는 기회를 제공해 보세요.

실천 방법 2. "No AI, No Digital Time"

AI와 디지털 기기 없이 생활하는 저녁 시간을 가져보세요. 그 시간 동안은 가족 모두가 디지털 기기를 멀리하고 함께 대화하는 시간을 보내는 겁니다 처음에는 부모나 아이들이 불만을 표현할 수도 있지만, 점차 **서로의 일상과 감정을 나누는 소중한 시간이 될 것입니다.** TV나 스마트폰, 태블릿 대신 함께 모여 그림을 그리거나 간단한 게임을 즐기는 시간은 AI가 절대 제공할 수 없는 진정한 교감의 기회가 될 것입니다.

실천 방법 3. AI와 사람의 차이점 발견하기

AI와의 상호작용과 인간과의 상호작용 차이에 대해 아이와 함께 생각해 보는 시간을 가져보세요. 'AI와 대화하기 vs 사람과 대화하기' 활동을 통해 동일한 주제로 AI와 대화한 후, 같은 주제로 부모 또는 친구와 대화해보는 경험 또한 아이들이 AI와 사람의 차이점을 비교하고 이해하는 데 도움이 될 수 있습니다. 그런 다음 "어느 대화가 더 따뜻하게 느껴졌어?", "대화를 통해 어떤 차이점을 느낄 수 있었니?"와 같은 질문을 통해 **자연스럽게 인간관계의 고유한 가치에 대해 이야기 나눌 수 있습니다.** 이러한 대화는 인간관계의 소중함을 깨닫는 데 도움이 될 것입니다.

놀이를 통한 AI 학습의 진정한 가치는 바로 부모의 공감과 협동에서 시작됩니다. 앞선 내용에서 소개한 다양한 활동을 통해 아이와 함께 웃고, 실수하고, 성공을 나누는 과정을 통해 아이는 더욱 풍부한 정서적 경험을 하게 될 것입니다.

우리 아이들이 만나게 될 세상이 점점 고도화된 AI 환경으로 변해갈수록, 오히려 부모와 양육자의 역할은 더욱 중요해집니다. 아이들은 AI와의 상호작용 못지않게 따뜻한 교감과 소통이 필요합니다. 이러한 상호작용은 아이들이 급변하는 AI 환경에 건강하게 적응하고, 더 나아가 AI를 현명하게 활용할 수 있는 힘이 될 것입니다.

결국 진정한 교육은 기술의 발전이 아닌, 부모와 아이가 함께 성장하는 과정에서 시작됩니다. 여러분은 아이와 함께 어떤 AI 활동을 시작해 보고 싶으신가요? 이 책에서 소개한 다양한 활동들이 여러분 가정의 즐거운 AI 학습 여정에 작은 도움이 되기를 바랍니다.

작가의 한 줄 노트

　아이들에게 명확한 표현을 요구하기에 앞서, 우리는 아이들에게 어떻게 말하고 있는지 살펴보면 어떨까요? 정리되지 않은 두루뭉술한 표현으로 아이에게 프롬프트를 전달하고 있진 않나요? 부모인 우리가 먼저 정확하고 구체적인 언어로 의사와 감정을 전달할 때, 아이들은 부모의 의도를 더욱 정확하게 이해하고 더 나은 반응을 보여줄 수 있을 것입니다.

01 이야기 & 그림 만드는 프롬프트

- **이야기 만들기 프롬프트** 쉬운 레벨

생성형 AI 프롬프트를 처음 작성해 본 경우에 해당합니다.

1. 우리 집 고양이가 말을 할 수 있게 된 짧은 이야기를 만들어줘
2. 마법의 크레파스를 발견한 아이의 이야기를 들려줘
3. 작은 개미가 모험을 떠나는 짧은 이야기를 만들어줘
4. 하늘에서 무지개 사탕이 내리기 시작한 날에 대한 이야기를 들려줘
5. 친구와 함께 숲속에서 길을 잃은 아이들의 이야기를 만들어줘
6. 날씨를 바꿀 수 있는 마법 우산에 대한 짧은 이야기를 들려줘
7. 공룡 친구를 만난 아이의 하루를 이야기로 만들어줘

8. 달에 사는 토끼 가족의 이야기를 짧게 들려줘
9. 바닷속에서 보물을 찾는 어린이의 모험 이야기를 만들어줘
10. 마법의 씨앗을 심은 후 일어난 일에 대한 짧은 이야기를 들려줘

- **이야기 만들기 프롬프트 중간 레벨**

생성형 AI를 통해 원하는 이야기와 이미지 제작 경험이 있는 경우에 해당합니다.

1. 시간을 멈출 수 있는 시계를 발견한 아이가 겪는 모험과 배움에 대한 이야기를 만들어줘
2. 다른 행성에서 온 외계인 친구와 비밀을 공유하는 아이의 이야기를 들려줘
3. 평범한 학교 도서관의 책 속으로 들어가게 된 아이들의 모험 이야기를 만들어줘
4. 동물들의 언어를 이해할 수 있게 된 아이가 숲속 동물들의 문제를 해결하는 이야기를 들려줘
5. 미래에서 온 로봇 친구와 함께 과거로 시간 여행을 떠난 아이의 이야기를 만들어줘
6. 잃어버린 고대 문명의 비밀을 발견한 어린 학자들의 모험 이야기를 들려줘
7. 꿈속의 세계와 현실 세계를 오가며 모험하는 아이의 이야기를 만들어줘
8. 마법의 음악상자를 통해 다양한 음악의 나라를 여행하는 이야기를 들려줘
9. 잊혀진 섬에서 발견한 신비한 생물과 친구가 된 아이들의 모험을 만들어줘
10. 밤하늘의 별자리들이 살아나 지구를 방문하게 된 신비로운 밤의 이야기를 들려줘

- **그림 그리기** `쉬운 레벨`

    생성형 AI 프롬프트를 처음 작성해 본 경우에 해당합니다.

> 1. 하늘을 나는 유니콘 그려줘
> 2. 달에서 노는 토끼 그려줘
> 3. 바닷속 인어와 물고기들 그려줘
> 4. 마법의 성 앞의 왕자와 공주 그려줘
> 5. 숲속에서 소풍 중인 동물들 그려줘
> 6. 우주 정거장에서 노는 아이들 그려줘
> 7. 무지개 미끄럼틀 타는 아이들 그려줘
> 8. 사람처럼 큰 꽃과 나비 그려줘
> 9. 구름 위에 있는 성 그려줘
> 10. 해변에서 모래성 짓는 가족 그려줘

- **그림 그리기** `중간 레벨`

    생성형 AI를 통해 원하는 그림을 그려본 경험이 있는 경우에 해당합니다.

> 1. 달빛이 비치는 마법의 숲에서 빛나는 버섯과 요정들이 춤추는 장면을 그려줘
> 2. 수중 도시에 사는 인어와 인간 아이들이 함께 학교에 다니는 모습을 그려줘

3. 하늘에 떠 있는 섬들을 연결하는 무지개다리와 그 위를 여행하는 모험가들을 그려줘
4. 미래 도시의 공중 정원에서 놀고 있는 아이들과 로봇들을 그려줘
5. 고대 유적지에서 발견된 마법의 문이 열리면서 나타나는 환상적인 세계를 그려줘
6. 계절이 모두 공존하는 신비한 섬의 풍경과 그곳을 탐험하는 아이들을 그려줘
7. 별들이 가득한 우주 바다를 항해하는 환상적인 우주선과 우주 탐험가들을 그려줘
8. 거대한 나무 위에 지어진 트리하우스 마을과 그곳에 사는 다양한 생물들을 그려줘
9. 용과 함께 하늘을 날며 구름 위의 성을 방문하는 어린 기사의 모습을 그려줘
10. 도시의 거리를 뛰어다니는 티라노사우르스와 그를 뒤쫓는 경찰차와 헬리콥터를 그려줘

02 | AI 사용 전 꼭 알아야 할 8가지 체크리스트

🏵 13세 미만 아이는 부모님 계정으로 사용하기

AI 이미지 생성 서비스는 13세 미만 단독 사용을 제한합니다. 반드시 보호자 계정으로 함께 사용해 주세요.

🏵 프롬프트는 아이와 함께 고민해요

아이가 어떤 프롬프트를 입력할지 미리, 함께 계획하거나 작성한 내용을 사전에 확인해 주세요.

🏵 생성된 이미지는 꼭 함께 확인해요

AI는 가끔 부적절하거나 예상치 못한 이미지를 생성할 수도 있습니다. 결과물은 반드시 부모와 함께 확인해 주세요.

✅ 한글 프롬프트만 믿지 마세요

일부 AI 툴은 아직 한글을 완벽하게 학습하지 못했습니다. 이럴 땐 ChatGPT, 구글 번역기, 파파고 등을 활용해 영어로 바꾸어 프롬프트를 입력해 보세요.

✅ 한글 프롬프트 vs 영어 프롬프트 결과 비교하기

같은 내용을 한글과 영어로 입력해 보고 생성된 이미지 결과를 비교해 보세요. 다양한 어휘와 표현력을 학습할 수 있습니다.

✅ 단어 바꿔보며 상상력 키우기

프롬프트 속 단어를 하나씩 바꿔보며 새로운 이미지 만들기에 도전해 보세요. 작은 변화로 큰 창의력을 자극해 볼 수 있습니다.

✅ 결과 이미지 보며 함께 이야기 나누기

"이 그림은 왜 이렇게 나왔을까?", "다음에는 어떤 장면을 만들어볼까?"와 같이 질문을 통해 아이의 상상력과 논리력을 키워주세요.

✅ AI는 도구일 뿐, 주인공은 아이입니다

결과물보다 중요한 건 아이의 생각과 표현입니다. 아이가 스스로 아이디어를 자유롭게 펼칠 수 있도록 부모님의 격려가 중요합니다.

03 채팅, 이야기 및 이미지 생성 가능한 대표 AI 사이트 Top 5 (무료, 한글 지원)

무료 버전은 회원 가입이 필요하며 텍스트 및 이미지 생성 개수에 제한이 있을 수 있습니다.

ChatGPT https://chat.openai.com/

풍부한 언어 표현력으로 대화가 유려하지만 간혹 할루시네이션이 있어 사실 확인이 한 번 더 필요해요.

Gemini https://gemini.google.com/

정보 검색과 연결이 빠르고 정확하지만 아이와 대화를 나누기에 다소 냉소적인 느낌이 들 수 있어요.

Bing Chat https://www.bing.com/chat

웹 기반 정보에 강하고 이미지 생성도 쉽지만, 감성적인 대화에선 다소 단조로울 수 있어요.

뤼튼(RUTIN) https://wrtn.ai/

한글 사용이 자연스럽고 교육 콘텐츠에 잘 어울리지만, 주요 기능이 텍스트 중심으로 구성되어 있어요.

*다양한 기능이 꾸준히 업데이트 중

Claude https://claude.ai/

긴 글을 잘 읽고 맥락을 잘 이해하지만, 한국어 표현이 서툴러 한글 프롬프트와 영문 프롬프트 결과를 비교해 봐야 해요.

*이미지 생성 불가능

에필로그

　AI 교육에서 가장 중요한 것은 바로 부모의 참여입니다. 단순히 아이에게 AI 활용법을 가르치거나 지도하는 것이 아닌, 함께 배우고 경험하는 과정이 필요한 것이죠. 부모가 직접 AI 놀이에 참여하면서 겪게 되는 시행착오와 성공의 경험은 아이의 학습 과정을 더 깊이 이해하고 공감할 수 있게 해줍니다. 앞서 소개한 다양한 AI 놀이는 부모와 아이가 함께할 때 그 교육적 효과가 극대화되죠. 함께 프롬프트를 고민하고, 각자의 결과물을 비교하며, 서로의 생각을 나누는 과정에서 자연스럽게 AI에 대한 균형 잡힌 시각이 형성되기 때문입니다. 부모도 처음에는 서툴고 어색할 수 있습니다. 당연히 그럴 수밖에 없습니다. 우리도 이토록 발달 된 생성형 AI는 처음 만났으니까요. 하지만 걱정할 필요는 없습니다. 부모가 함께 시행착오를 겪으며 배워 나가는 모습 역시 아이에게는 중요한 배움의 순간이 됩니다.

AI 놀이는 단순한 재미나 학습을 넘어, 우리 아이들의 미래를 위한 '소중한 씨앗'을 심는 과정입니다. 놀이를 통해 자연스럽게 체득하게 되는 AI 윤리 의식과 올바른 프롬프트 활용법이라는 씨앗은, 아이들이 성장하면서 마주하게 될 다양한 AI 환경 속에서 단단한 뿌리를 내리게 될 것입니다. 특히 부모와 함께하는 AI 놀이 경험은 이 씨앗이 건강하게 자랄 수 있도록 돕는 햇빛과 영양분이 됩니다. 이렇게 심어진 씨앗은 아이들이 성장하면서 점차 싹을 틔우고 튼튼한 줄기로 자라나, 고학년이 되어 더 복잡한 AI 환경을 마주하게 되었을 때 건강한 AI 활용 습관과 윤리적 판단력이라는 귀중한 열매를 맺게 될 것입니다.

결국 AI 교육의 성공 여부는 부모의 적극적인 참여에 달려있다고 해도 과언이 아닙니다. 부모가 먼저 AI에 대한 두려움을 내려놓고, 호기심과 열린 마음으로 아이와 함께 새로운 도전을 시작할 때, 우리 아이들은 AI 시대를 이끌어갈 진정한 역량을 갖출 수 있을 것입니다.

감사의 글

이 책을 집필하는 동안 많은 이들의 도움이 있었습니다.

무엇보다 사랑하는 아들 우주에게 고마움을 전합니다. 우주와 함께 다양한 AI를 직접 활용하고 놀이로 확장해 가는 과정을 통해, 아이들의 눈높이에서 무엇이 필요한지, 부모의 입장에서 어떤 부분을 고민해야 하는지 깊이 깨달을 수 있었습니다. 또한, 바쁜 일상 속에서도 두 아이를 돌보며 집필 시간을 배려해 준 아내에게 깊은 감사를 전합니다. 아내의 이해와 응원 덕분에 이 긴 여정을 끝까지 이어갈 수 있었습니다. 특히 '엄마' 입장에서의 솔직한 의견과 현실적인 조언이 책의 완성도를 높이는 데 큰 힘이 되었습니다.

함께 AI 스터디를 진행하며 지적 자극과 동기부여를 아끼지 않은 조이와 소피아에게도 감사의 마음을 전합니다. 생산적인 토론과 고민을 나눈 시간이 이 책의 방향과 내용을 탄탄하게 다듬는 데 큰 도움이 되었습니다. 또한 AI 서비스 기획이라는 새로운 역할에 눈을 뜰 수 있도록 이끌어 준 에드, 나이트, 재커리, 벤, 에그, 제인에게도 감사드립니다. 아이디어로만 존재했던 AI 서비스 기획의 시작을 함께해준 덕분에 든든한 마음으로 도전할 수 있었습니다.

육아와 직장 사이에서 지치고 흔들리던 시간, 마음의 안정을 찾고 좋은 아빠, 좋은 남편이 될 수 있도록 도와주신 톡테라스 썬(이영선님)에게 진심으로 감사합니다.

마지막으로, 항상 새로운 AI 트렌드와 교육 현장에의 접목 방안을 고민하고, 아낌없이 인사이트를 나눠주신 AI융합교육연구회 회원님들께도 깊은 감사를 전합니다. 여러분의 열정과 실천은 제게 큰 자극이 되었고, 이 책이 보다 넓은 시야를 갖는 데 중요한 밑거름이 되었습니다.

이 책은 결코 저 혼자만의 힘으로 완성된 결과물이 아닙니다. 함께 걸어준 많은 분의 지원과 신뢰가 있었기에 가능한 일이었습니다. 이 자리를 빌려 다시 한번, 진심으로 감사의 마음을 전합니다.

2025년 7월
유영걸

이 책을 위해 참고한 자료

- "Relationship between Television Viewing and Language Delay in Toddlers: Evidence from a Korea National Cross-Sectional Survey", PLOS, March 2015,
https://journals.plos.org/plosone/article?id=10.1371/journal.pone.0120663

- Evidence for Learning, "The Implementation of Literacy Activities in Primary School", Universitas Pendidikan Ganesha, March 2023,
https://www.researchgate.net/publication/370932629

- "Developing Strong Foundational Literacy Skills in Children — It Takes All of Us!", Institute of Education Sciences, June 2023,
https://ies.ed.gov/ncee/rel/regions/southeast/pdf/Foundational_Literacy_Framework.pdf

- "Digital Confessions: The Willingness to Disclose Intimate Information to a Chatbot and its Impact on Emotional Well-Being", OXFORD ACADEMIC, September 2024,

  https://academic.oup.com/iwc/article/36/5/279/7692197

- "Snapchat tried to make a safe AI. It chats with me about booze and sex", The Washington Post, March 2023,

  https://www.washingtonpost.com/technology/2023/03/14/snapchat-myai/

- "Why Amazon Alexa told a 10-year-old to do a deadly challenge", INDEPENDENT, December 2021,

  https://www.independent.co.uk/tech/amazon-alexa-kill-coin-echo-b1983874.html

- "Generative AI: UNESCO study reveals alarming evidence of regressive gender stereotypes", UNESCO, Mcrch 2024,

  https://www.unesco.org/en/articles/generative-ai-unesco-study-reveals-alarming-evidence-regressive-gender-stereotypes

- "Smiling women pitching down: auditing representational and presentational gender biases in image-generative AI", OXFORD ACADEMIC, January 2024,

  https://academic.oup.com/jcmc/article/29/1/zmad045/7596749?login=false

- "The legal doctrine that will be key to preventing AI discrimination AI", Brookings, September 2024,

  https://www.brookings.edu/articles/the-legal-doctrine-that-will-be-key-to-preventing-ai-discrimination/

- "Policy guidance on AI for children", Unicef, November 2021, https://www.unicef.org/innocenti/reports/policy-guidance-ai-children

- "Government AI Readiness Index 2024", Oxford insights, 2024, https://oxfordinsights.com/ai-readiness/ai-readiness-index/

- OXFORD ACADEMIC, "Smiling women pitching down: auditing representational and presentational gender biases in image-generative AI", Journal of Computer-Mediated Communication, February 2024

- OXFORD ACADEMIC, "Digital Confessions: The Willingness to Disclose Intimate Information to a Chatbot and its Impact on Emotional Well-Being", Interacting with Computers, June 2024

- "개별화 맞춤형 학습을 지원하는 AI 챗봇 기반 플랫폼 분석", 한국디지털콘텐츠학회 논문지, 2024, http://journal.dcs.or.kr/_PR/view/?aidx=40425&bidx=3644#!po=19.2308

- "인공지능의 교육적 역할 및 윤리적 활용", 한국교육학술정보원, 2023, http://kocw-n.xcache.kinxcdn.com/data/keris/2023/keris0514/04.pdf

- 서울시교육청, 〈서울형 인공지능 윤리 교육자료(초등학교용)〉, 2023

- 과학기술통신부, 〈2022년 인공지능(AI) 윤리 정책포럼 교육 교재〉, 2022

- 서울특별시교육청교육연구정보원 교수학습정보부 서울소프트웨어교육체험센터 〈2024 AI·SW 교구 활용 수업 자료집〉, 2024

- 변순용, 「AI 윤리 교육의 필요성에 대한 연구」, 『한국초등교육 2020, vol.33, no.3, 통권 103호』, 서울교육대학교 초등교육연구원, 2020

- 윤혜진 외 「Analysis of perceptions and needs of generative AI for work-related use in elementary and secondary education」, 『한국컴퓨터정보학회논문지 Volume 29 Issue 7』, 한국컴퓨터정보학회, 2024

- 박원정 외 「AI 스피커의 상호작용 유지 전략 사용 여부가 아동 발화 및 이야기 이해 수행에 미치는 영향: 표현 언어발달 수준에 따른 차이 비교 연구」, 『언어치료연구 제30권 제2호』, 한국언어치료학회, 2021

- 전형배 외, 「AI 기반 교육 현황과 기술 동향」, 『전자통신동향분석 제36권 제1호』, 한국전자통신연구원, 2021

- 김태훈, 「생성형 AI의 수업 활용 방안」, 『2023년 전북교육정책 오늘 8월호』, 전라북도교육청미래교육연구원, 2023

- 전윤정, "딥페이크 성범죄 피해자 지원 체계 개선방안 –삭제지원과 유포방지를 중심으로", 국회입법조사처, 2024

AI에 지지 않는 아이
생각하는 아이로 자라나는 프롬프트와 AI 문해력 수업

초판 1쇄 발행 2025년 7월 29일

지은이 유영걸

펴낸이 김재원, 이준형
디자인 김지혜

펴낸곳 비욘드날리지 주식회사
출판등록 제2023-0001117호
E-Mail admin@tappik.co.kr

ⓒ 유영걸
ISBN 979-11-991840-8-4 (13370)

- 책값은 뒤표지에 적혀 있습니다.
- 잘못 만든 책은 구입하신 서점에서 바꾸어 드립니다.
- 비욘드는 비욘드날리지의 자기계발·교육 레이블입니다.
- 이 책은 저작권법에 따라 보호받는 저작물이므로 무단전재와 무단복제를 금합니다.